JAZZGITARRE
AKKORDEMEISTERN

Ein praktischer, musikalischer Guide für alle Gitarrenakkord-Strukturen, Voicings und Umkehrungen

JOSEPHALEXANDER

FUNDAMENTALCHANGES

Jazzgitarre Akkorde Meistern

Ein praktischer, musikalischer Guide für alle Gitarrenakkord-Strukturen, Voicings und Umkehrungen

Veröffentlicht von **www.fundamental-changes.com**

ISBN: 978-1-78933-107-3

www.fundamental-changes.com

Auch von Joseph Alexander

Audio aufgenommen von Pete Sklaroff und erhältlich unter

www.fundamental-changes.com/audio-downloads

Copyright des Titelbildes - Adobe Stock

Inhaltsverzeichnis

Einführung

Teil 1 dieser Serie beschäftigte sich mit der Konstruktion fast aller Akkordtypen, die in der modernen Musik vorkommen. Für jeden Akkord wurden drei Voicings in Grundposition angegeben, so dass du für jeden Akkord Voicings mit Grundtönen auf der sechsten, fünften und vierten Saite hattest.

Diese drei Voicings ermöglichen es dir, den Rhythmusteil praktisch *jedes* Musikstücks zu spielen, insbesondere im Jazz, wo komplexe und veränderte Akkorde üblich sind. Du solltest in der Lage sein, schnell mindestens einen „Griff" für einen Akkord zu finden, damit du die Progression durchspielen kannst. Teil 1 hat das Griffbrett auch in Intervalle um einen Grundton herum dekonstruiert, so dass du schnell jeden Akkord aus „ersten Prinzipien" konstruieren kannst.

Teil 1 ist keineswegs Voraussetzung für Teil 2, obwohl das Verständnis der Akkordkonstruktion und die Möglichkeit, Intervalle am Hals zu lokalisieren, eine große Hilfe für deinen Fortschritt sein wird.

Im zweiten Teil konzentrieren wir uns auf die Konzepte der Akkord-*Voicings* und *Umkehrungen*. Beide Ideen sind konzeptionell recht einfach: Wenn wir vier Noten in einem Akkord haben, sind Voicings und Umkehrungen einfach verschiedene Möglichkeiten, diese Noten zu organisieren. Diese Konzepte werden im gesamten Buch ausführlich diskutiert.

Der Grund für das Studium von Voicings und Umkehrungen ist die Schaffung eines reichen Sammelsuriums aus Klängen und Texturen, die zum Spielen von Musik verwendet werden können. Wenn man Gitarristen wie Joe Pass, Tal Farlow, Jim Hall, Martin Taylor oder Barney Kessel (und *viele* andere) hört, wird man feststellen, dass die meisten ihrer Ansätze zum Spielen von Rhythmusgitarre auf viele der Techniken in diesem Buch heruntergebrochen werden können.

Selbst Spieler, die nicht mit dem Stil des „Akkordmelodie-Spiels" (Chord Melody Style) in Verbindung gebracht werden, verwenden viele verschiedene Voicings und Umkehrungen in ihrer Rhythmusgitarren- „Begleitung". Man braucht nur Mike Stern, Wes Montgomery, George Benson, Pat Metheny, John Scofield und Hunderte von anderen zu hören, um zu festzustellen, dass ihre Rhythmusparts selten auf nur einem Voicing für jeden Akkord beruhen.

Indem sie sich durch Akkordumkehrungen, Voicings und Akkord-Licks bewegen, verleihen große moderne Gitarristen selbst den statischsten Akkordfolgen große Tiefe, Interesse und Bewegung.

Die in diesem Buch besprochenen Konzepte sind keineswegs auf die Gitarre beschränkt. Du hörst diese Techniken überall, bei Pianisten und Vibraphonisten und bei Arrangements von Bläser-, Blechbläser- und Streicher-Sektionen fast jeden Orchesters.

Die hier unterrichteten Voicings sind Standard-Musikarrangements, egal ob sie auf einer einzelnen Gitarre oder einem Klavier gespielt werden oder auf mehrere Instrumente in einer Orchestersektion verteilt sind.

Zweifellos enthält dieses Buch eine große Menge an Informationen, deren Verinnerlichung Monate oder Jahre dauern kann. Der Trick, diese Art von Informationen zu integrieren, besteht darin, sie so schnell wie möglich in den Kontext zu stellen. Bitte, bitte, lerne die Konzepte in diesem Buch *nicht* als Regelwerk. Nimm eine kleine Idee nach der anderen und verwende sie einfach in deinem Spiel. Probiere es in verschiedenen Tonarten und in verschiedenen musikalischen Situationen aus. Das Ziel ist es nicht, sich jedes Konzept auf einmal zu merken, sondern schrittweise kleine Verbesserungen in deinem Spiel vorzunehmen.

Ich habe versucht, das Material so logisch wie möglich zu organisieren und die Informationen so nützlich und praktisch wie möglich zu halten. Es gibt Fälle, in denen ich bestimmte Voicings der Vollständigkeit halber aufgenommen habe, obwohl es realistischerweise bessere Optionen geben könnte, die an ihrer Stelle verwendet werden können. Diese sind deutlich gekennzeichnet mit einer Erklärung, warum sie nicht üblich sind und was stattdessen verwendet werden sollte.

Möglicherweise bist du auf die 80/20-Regel gestoßen, die besagt, dass 80 % deiner Ergebnisse aus 20 % deiner Bemühungen resultieren. Indem du dich auf die Akkorde und Techniken konzentrierst, die von den großen Jazzgitarristen häufig verwendet werden, und dich nicht um die Dinge kümmerst, die theoretisch möglich sind, wirst du schnell massive Fortschritte in deiner Musik erzielen.

Wie bei den anderen Büchern dieser Serie glaube ich, dass Musik am besten mit vielen Notationen, Diagrammen und authentischen Audiobeispielen demonstriert werden kann. Alle Hörbeispiele und Backing Tracks dieses Buches kannst du unter **www.fundamental-changes.com/audio-downloads** komplett kostenlos herunterladen. Sir werden dir wirklich helfen, dich schneller zu verbessern.

Wie immer, gehe es langsam an und habe Spaß dabei.

Joseph

Hol dir die Audios

Die Audiodateien zu diesem Buch stehen unter **www.fundamental-changes.com** zum kostenlosen Download zur Verfügung. Der Link befindet sich oben rechts in der Ecke. Wähle einfach diesen Buchtitel aus dem Dropdown-Menü aus und folge den Anweisungen, um das Audiomaterial zu erhalten.

Wir empfehlen dir, die Dateien direkt auf deinen Computer herunterzuladen, nicht auf dein Tablet, und sie dann zu extrahieren, bevor du sie zu deiner Medienbibliothek hinzufügst. Du kannst sie dann auf dein Tablet oder deinen iPod legen oder auf CD brennen. Auf der Download-Seite gibt es ein Hilfe-PDF und wir bieten auch technischen Support über das Kontaktformular an.

Für über 350 kostenlose Lektionen mit Videos gehe auf:

www.fundamental-changes.com

Über 10.000 Fans auf Facebook: **FundamentalChangesInGuitar**

Instagram: **FundamentalChangesInGuitar**

Kapitel Eins: Voicings und Umkehrungen

Der Ausdruck „Akkord-Voicing" bezieht sich auf die Art und Weise, wie die Noten eines Akkords angeordnet sind, sowohl in der musikalischen Notation als auch auf unserem Instrument.

Im ersten Teil habe ich darauf hingewiesen, dass ein ‚7'-Akkord vier Noten enthält: den Grundton, die Terz, die Quinte und die Septime der Eltern-Tonleiter. Die einfachste Art, diese Noten anzuordnen, besteht darin, sie übereinander zu schichten. Zum Beispiel hat der Akkord C-Major 7 (CMaj7) die Formel 1 3 5 7, die die folgenden Noten erzeugt:

C, E, G und B.

Diese Töne können wie folgt geschichtet werden:

Beispiel 1a:

Beachte, wie die Noten C, E, G und B in der Reihenfolge von niedrig nach hoch angeordnet werden. Wenn die Akkordtöne in dieser Reihenfolge sind (1 3 5 7), wird es als „Close-Position"-Akkord bezeichnet. NB: Dies bezieht sich auf „close" wie in „nahe", und nicht „close" wie in „geschlossen".

Das obige Beispiel ist eine völlig legitime Art, einen CMaj7-Akkord zu spielen, aber eine viel häufigere Art, Akkorde auf der Gitarre zu spielen, ist die Verwendung von Drop-Voicings. Es gibt drei Haupttypen von Drop-Voicings, die auf der Gitarre gespielt werden können:

Drop 2

Drop 3

Drop 2 und 4

Was Musiker meinen, wenn sie „Drop-Voicing" sagen, ist, dass eine oder mehrere Noten in der Akkordstruktur um eine Oktave gesenkt werden.

Beispielsweise wird bei einem Drop-2-Voicing die *zweithöchste Note um eine Oktave gesenkt.*

Dieses Konzept wird im folgenden Beispiel gezeigt. (Mach dir keine Gedanken darüber, die Beispiele in diesem Kapitel zu spielen, stelle nur sicher, dass du mit den hier beschriebenen Konzepten vertraut bist).

Beispiel 1b:

Cmaj7   (Drop 2 voicing)

```
      1                      2
T --7---------------------------7---
A --8---------------------------5---
B --9---------------------------5---
  --10--------------------------5---
```

Im obigen Beispiel siehst du, dass die zweithöchste Note (G) um eine Oktave gesenkt wurde und nun unter dem Grundton des Akkords (C) liegt.

Das resultierende Drop-2-Voicing ist immer noch ein CMaj7-Akkord, klingt aber jetzt ganz anders als das ursprüngliche Close-Position-Voicing.

Bei einem Drop-3-Voicing wird die dritthöchste Note um eine Oktave gesenkt.

Beispiel 1c:

Cmaj7   (Drop 3 voicing)

```
      1                      2
T --7---------------------------7---
A --8---------------------------8---
B --9---------------------------5---
  --10--------------------------7---
```

Bei Drop-2- und 4-Akkord-Voicings werden *sowohl* der zweit- als auch der vierthöchste Ton um eine Oktave gesenkt.

Beispiel 1d:

Cmaj7   (Drop 2+4)

```
      1                      2
T --7---------------------------7---
A --8---------------------------5---
B --9---------------------------5---
  --10--------------------------8---
```

In Beispiel 1d werden sowohl das G als auch das C um eine Oktave gesenkt, um ein neues Voicing des CMaj7-Akkords zu bilden.

Drop-2-, Drop-3- und Drop-2- und 4-Voicings sind gebräuchliche Akkordstrukturen in der Musik. Ein Großteil dieses Buches wird sich mit der Erforschung ihrer praktischen Anwendung im Gitarrenspiel befassen.

Es gibt noch einen weiteren wesentlichen Punkt zu verstehen, bevor wir uns mit der Anwendung dieser Voicings auf der Gitarre befassen. Es ist das Konzept der *Umkehrungen*.

Wenn der Grundton des Akkords im Bass gespielt wird, befindet sich dieses Voicing in der *Grundtonposition*. Im Kontext eines CMaj7-Akkords bedeutet dies, dass der Grundton des Akkords (C) die Bassnote (niedrigste) in dem Voicing ist.

Hier sind zwei Möglichkeiten, einen CMaj7-Akkord in Grundtonposition zu spielen:

Beispiel 1e:

Beide der obigen Akkorde sind CMaj7 in Grundtonposition (sie sind beide auch Close-Voicings).

Um eine Umkehrung des Akkords zu erzeugen, können wir die untere Note des Voicings einfach um eine Oktave nach oben verschieben. Auf diese Weise legen wir die *Terz* des Akkords (E) in den Bass.

Beispiel 1f:

Mach dir wieder keine Gedanken darüber, diese Ideen auf der Gitarre zu spielen, sondern konzentriere dich einfach darauf, das Konzept zu erlernen. Diese besonderen Voicings sind schwierig auf der Gitarre zu spielen und nicht sehr nützlich. Wie wir sie dennoch nutzen können, erfährst du im nächsten Kapitel.

Der zweite Akkord im vorherigen Beispiel wird als *erster Umkehrungs*-Akkord bezeichnet. Der Akkord wurde umgekehrt, indem die Bassnote um eine Oktave angehoben wurde, so dass sich die Terz des Akkords (E) im Bass befindet. Wir können den gleichen Prozess mit der Anhebung der Basstöne wiederholen, um zweite Umkehrungs- und dritte Umkehrungs-Akkorde zu erzeugen.

Das folgende Beispiel zeigt, wie eine Grundtonposition der Akkord-Voicings zu einem ersten, zweiten und dritten Umkehrungs-Akkord wird, indem die Bassnote jedes Mal um eine Oktave angehoben wird.

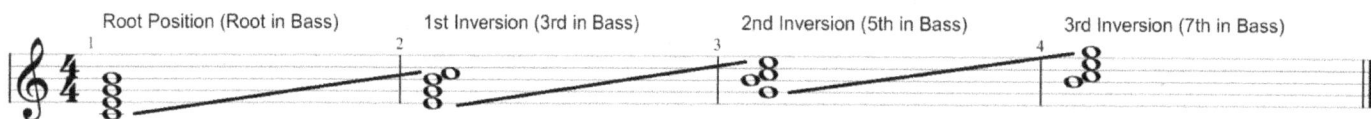

Auch wenn du nicht viel Partitur liest, nimm dir einen Moment Zeit, um das obige Diagramm zu studieren. Der Akkord beginnt in der Grundtonposition mit dem Grundton des Akkords (C) im Bass. Im zweiten Akkord wird der Bass um eine Oktave nach oben bewegt, so dass die Terz (E) zur Bassnote wird. Im dritten Akkord wird die Bassnote (E) wieder nach oben verschoben, so dass die Quinte (G) zur neuen Bassnote wird. Im vierten Akkord wird die Bassnote schließlich noch einmal um eine Oktave nach oben verschoben, so dass die Septime (B) zur neuen Bassnote wird.

Wenn ich den Prozess noch einmal wiederholen würde, kannst du sehen, dass der Akkord zu einer Grundtonposition zurückkehren würde? Er wäre der gleiche wie der Akkord in Beispiel 1e.

Dieses Konzept der Umkehrungen ist äußerst wichtig, weil es uns erlaubt, vier Voicings aus jedem vierstimmigen Akkord zu erzeugen.

Jede der drei oben diskutierten Drop-Voicing Strukturen kann in vier Umkehrungen gespielt werden. Wenn man bedenkt, dass viele der Drop-Voicings auf verschiedenen Saiten gespielt werden können und dass es vier Haupt-Akkordtypen gibt (Maj7, min7, Dominant7 und m7b5), kann man schnell erkennen, dass man uns vor eine verwirrende Vielfalt von Akkord-Voicings und melodischen Möglichkeiten stellen kann.

Kein Grund zu verzweifeln! Dieses Buch diskutiert all diese Möglichkeiten in einer organisierten Weise und im Kontext. Wir werden untersuchen, wie jedes Akkord-Voicing am besten musikalisch verwendet wird und wie man „Akkord-Licks" entwickelt, die eine Vielzahl von gängigen Progressionen abdecken.

Wenn du wirklich dein Wissen über Rhythmusgitarre entwickeln und auf die Beherrschung der Gitarre hinarbeiten willst, ist diese Art von Studium unerlässlich. Wenn man sich dieser Art von Übung richtig nähert, ist sie nicht annähernd so komplex, wie sie klingt, und sie ist eine spannende und lohnende Art, sich der Gitarre zu nähern. Zudem ist sie sehr ausdrucksstark, musikalisch und *eindrucksvoll!*

Du hast vielleicht den Satz „Lerne die Theorie und vergiss sie dann" gehört. Das ist genau das, wozu ich dich auffordern möchte.

Alles, was du wissen musst, ist, dass *Drop-Voicings* es uns ermöglichen, einen Akkord auf verschiedene Weise zu arrangieren, und *Umkehrungen* sind einfach Akkord-Voicings mit einer anderen Note im Bass.

Wir beginnen mit der Untersuchung und musikalischen Anwendung der gebräuchlichsten „Drop-2"-Gitarren-Voicings.

Kapitel Zwei: Fm7 Drop-2-Voicings

Drop-2-Voicings gehören zu den am weitesten verbreiteten, vielseitigsten Akkord-Voicings, die in der modernen Musik verwendet werden. Sie sind nicht instrumentenspezifisch und können auf jedem harmonischen Instrument gespielt oder unter den Teilen eines Horn-, Blechbläser- oder Streichersatzes „aufgeteilt" werden.

In diesem Abschnitt werden wir die Gitarre in drei Saitengruppen aufteilen, die erste (hohe E) bis vierte (D) Saite, die zweite bis fünfte Saite und die dritte bis sechste Saite.

Drop-2-Akkorde werden am häufigsten auf den höchsten beiden Saitengruppen (1-4 und 2-5) gespielt.

Wir beginnen mit dem Erlernen der vier Voicings für einen Drop-2-Fm7-Akkord, der auf den oberen vier Saiten gespielt wird. Achte in den folgenden Diagrammen sehr genau darauf, wo sich die Grundtöne (Quadrate) befinden. Wenn du weißt, wo sich die Grundtöne befinden, wirst du feststellen, dass es viel einfacher ist, diese Akkorde später in andere Tonarten zu transponieren.

Beispiel 2a:

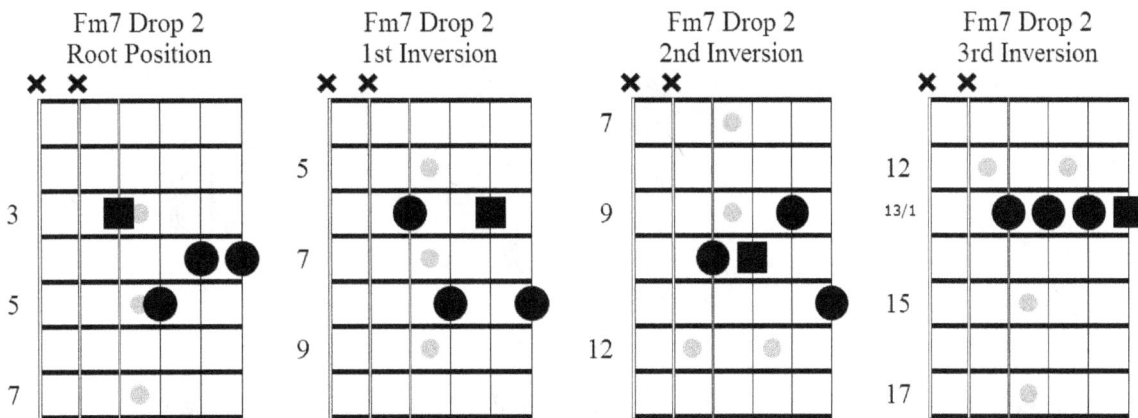

Beginne, indem du langsam durch die vier Voicings spielst. Denke daran, dass das letzte Voicing entweder am dreizehnten oder ersten Bund gespielt werden kann.

Um dir zu helfen, dir die Formen zu merken, übe die folgenden Ideen über den *ersten Backing Track*. Mach dir keine Sorgen, sie in einem regelmäßigen Rhythmus zu spielen, sondern arbeite einfach an einem reibungslosen Übergang zwischen den vier Formen.

- Steige auf und ab durch die vier Voicings.

Beispiel 2b:

- Übe, dich zwischen Akkordpaaren zu bewegen. Zum Beispiel zwischen der Grundposition und ersten oder der ersten und zweiten Umkehrung von Fm7.

Beispiel 2c:

- Versuche, Umkehrungen zu überspringen, indem du von der Grundposition zur zweiten Umkehrung, dann von der ersten zur vierten Umkehrung springst.

Beispiel 2d:

Versuche schließlich, einfach mit dem ersten Backing Track zu jammen und diese Voicings zu spielen, wann immer du willst.

Wie bereits erwähnt, ist der Schlüssel zur effektiven Nutzung dieser Akkorde immer zu wissen, wo sich der Grundton in jedem Voicing befindet. Das folgende Diagramm zeigt, wo sich alle F-Noten auf den oberen vier Saiten befinden. Lerne dein Voicing im Kontext dieser Grundtöne.

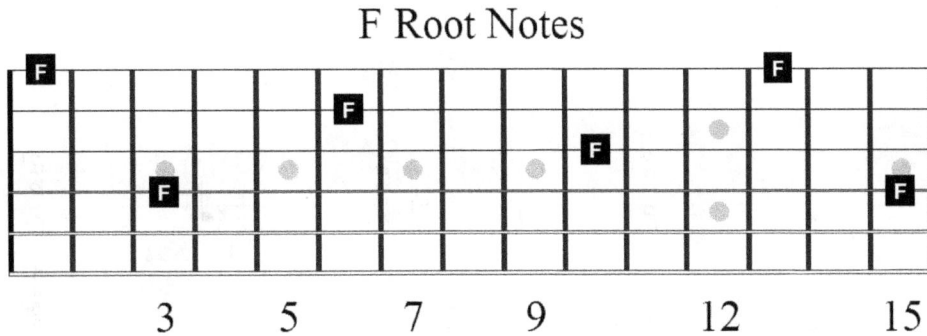

F Root Notes

Ein nützlicher Tipp ist es, großen Klavierspielern wie Bill Evans, Keith Jarrett und Bud Powell zuzuhören und zu sehen, wie sie Akkorde rhythmisch phrasieren, besonders während sie die Soli anderer Musiker begleitend „unterstützen".

Der nächste Schritt bei der Verinnerlichung dieser Akkord-Voicings besteht darin, sie zu verbinden, indem man einen Walking Bass zwischen den tiefsten Noten in jeder Akkordform hinzufügt. Um dies zu tun, werden wir uns vorstellen, dass wir in der Tonart F-Moll sind und die F-Moll (äolische) Bebop-Skala verwenden, um durch die einzelnen Voicings zu „walken".

Die F-Moll Bebop-Skala kann entlang der vierten Saite der Gitarre folgendermaßen gespielt werden:

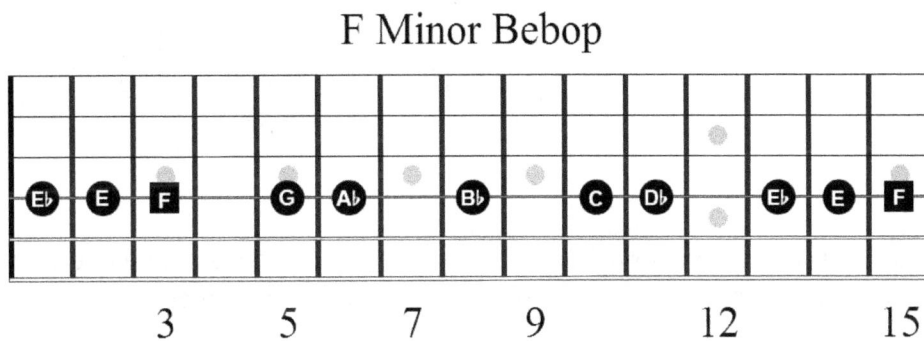

F Minor Bebop

Beginne, indem du das niedrigst mögliche Voicing des Fm7-Akkords spielst:

Beachte, dass die tiefste Note in diesem Voicing (Eb) in der F-Moll Bebop-Skala oben enthalten ist.

Spiele den obigen Akkord auf Schlag eins des Taktes und auf Schlag zwei die nächste Note der F-Moll Bebop-Skala (E), bevor du das nächste verfügbare Voicing von Fm7 auf Schlag drei spielst.

Beispiel 2e:

Fahre mit der Bewegung zwischen den Fm7-Voicings fort, während du den Hals in der obigen Weise aufsteigst. Es gibt eine Skalennote zwischen jedem Akkord-Voicing. Hier ist die gesamte Sequenz aufsteigend.

Beispiel 2f:

Möglicherweise musst du sorgfältig über deinen Fingersatz zwischen der zweiten und dritten Umkehrung des Fm7-Akkords nachdenken. Versuche nun, durch die vier Voicings abzusteigen.

Beispiel 2g:

Mach dir keine allzu großen Sorgen, dass du zunächst in einem strikten Rhythmus bleibst, sieh nur, ob du die Beispiele ohne Fehler durchspielen kannst.

Wenn du an Selbstvertrauen gewinnst, versuche, die aufsteigenden und absteigenden Beispiele lückenlos zu verbinden.

Beispiel 2h:

Walking Basslines sind ein eigenes Thema und werden in Teil drei dieser Serie behandelt, wenn wir uns mit dem Spielen von Akkordmelodien beschäftigen. Im Rahmen des Erlernens von Akkord-Voicings sind sie jedoch ein hervorragendes musikalisches Werkzeug, das dir dabei hilft, Drop-2-Voicings schnell und präzise zu merken und zu bilden.

Denke daran, dass Fm7 nicht immer der Tonika-Akkord in einer Tonart sein wird. Zum Beispiel könnte es der ii Akkord in der Tonart Es-Dur oder der vi-Akkord in der Tonart Ab-Dur sein. Unter diesen Umständen würden wir andere Skalen verwenden, um die Noten für die Bassline abzuleiten. Diese würden normalerweise stark mit der Grundtonart der Progression zusammenhängen.

In diesem Buch wird der Fm7 immer der Tonika-Akkord in der Progression sein, sofern nicht anders angegeben.

Bevor wir weitermachen, stelle sicher, dass du diese Fm7-Voicings in anderen Tonarten bilden kannst. Wie bereits erwähnt, ist das Geheimnis, jeden Akkord im Kontext seines Grundtons zu kennen, um ihn in anderen Tonarten zu spielen.

Lerne die Voicings der Moll-7-Akkorde in den folgenden Tonarten.

1. BB-Moll

2. EB-Moll

3. C-Moll

4. G-Moll

Die Grundtöne sind hier dargestellt:

Bb Root Notes

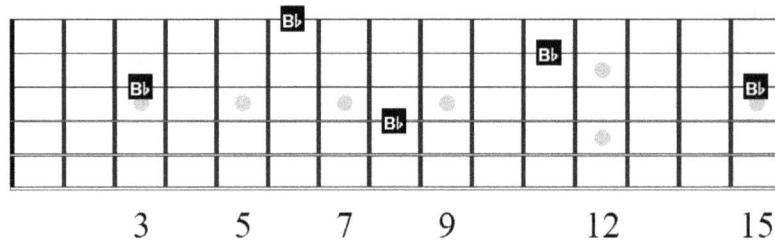

```
        3     5     7     9        12          15
```

Eb Root Notes

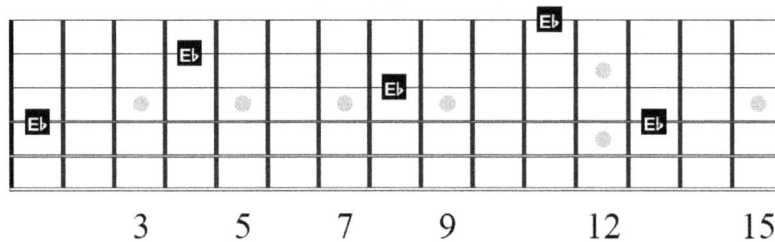

```
        3     5     7     9        12          15
```

C Root Notes

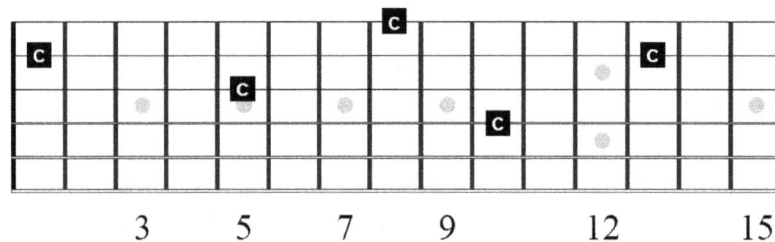

```
        3     5     7     9        12          15
```

G Root Notes

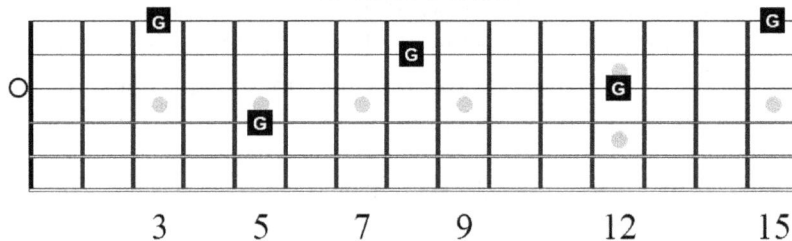

```
        3     5     7     9        12          15
```

Übe, alle Techniken auf den vorangegangenen Seiten anzuwenden, um die Akkorde zu verinnerlichen, und versuche auch, den Walking Bass hinzuzufügen, während du dich zwischen den Voicings bewegst.

Außerdem solltest du in Kapitel achtzehn reinschauen, wo es Übungen gibt, die auf gewöhnlichen musikalischen Zirkeln basieren. Diese Übungen sind der Schlüssel zur Entwicklung deiner Fähigkeiten, Vision und Kreativität als Gitarrist. Die Übungen in Kapitel achtzehn sind herausfordernd, aber sie sind diejenigen, die dir helfen werden, jeden Akkordtyp, jedes Voicing oder Umkehrung schnell und meisterhaft zu beherrschen.

Nach *jedem* Kapitel in diesem Buch wird es sich lohnen, die Übungen in Kapitel achtzehn auf alle neuen Akkord-Voicings oder Umkehrungen anzuwenden. Als nächstes bleiben wir in der Gruppe mit den oberen vier Seiten und werfen einen Blick auf den Dominantakkord von Fm7: C7.

Kapitel Drei: Dominant 7 Drop-2-Voicing

In diesem Kapitel werden wir die Umkehrungen des C7 Drop-2-Akkords untersuchen, deren Voicing auf den oberen vier Saiten stattfindet. Der Dominantseptakkord ist im Jazz sehr verbreitet und wird oft mit *chromatischen Spannungsnoten* alteriert (worauf wir in Kapitel neun eingehen werden). Es ist wichtig, dass du die Dominantseptakkord-Voicings beherrschst, bevor du weitermachst, da wir später in diesem Buch viel damit arbeiten werden.

Die vier Drop-2-Voicings für C7 werden wie folgt gespielt. Achte darauf, den Positionen der Grundtöne in jeder Form große Aufmerksamkeit zu schenken.

Beispiel 3a:

C7 Root Position | C7 1st Inversion | C7 2nd Inversion | C7 3rd Inversion

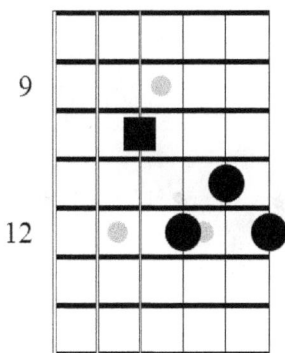

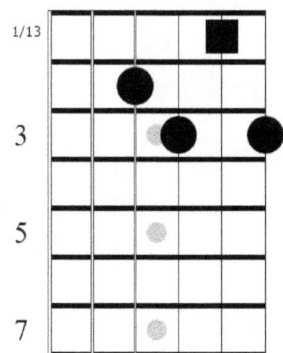

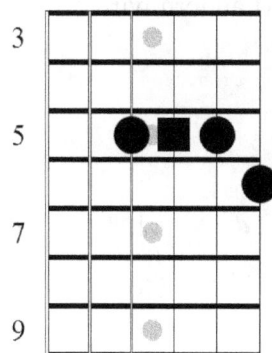

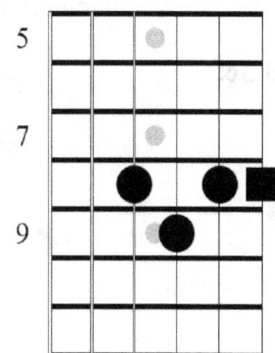

```
C7
TAB:
12   3   6   8
11   1   5   8
12   3   5   9
10   2   5   8
```

Das Spielen dieser Akkorde von unten bis oben auf dem Gitarrenhals ergibt folgendes.

Beispiel 3b:

```
C7
TAB:
3    6    8    12
1    5    8    11
3    5    9    12
2    5    8    10
```

Wiederhole die Schritte in Kapitel 2, um dir diese Voicings zu merken und zu verwenden.

- Steige durch die Voicings von unten nach oben auf.

- Steige durch die Voicings von oben nach unten ab.

- Bewege dich zwischen Akkordpaaren, wobei du das Griffbrett allmählich auf- oder absteigst.

- Überspringe Akkorde und spiele abwechselnd Voicings, die den Hals auf- und absteigen (wie in Beispiel 2d).

- Jamme zusammen mit dem Backing Track zwei, einem statischen C7-Groove.

- Verbinde die Akkorde mit einem Walking Bass.

Für den Walking Bass würde ich vorschlagen, die untenstehende C Mixolydische Bebop-Skala zu verwenden, obwohl sich dies je nach Kontext ändern wird.

Beispiel 3c:

C Mixolydian Bebop

Mit einem Walking Bass können die vier Voicings des C7-Akkords wie folgt gespielt werden:

Beispiel 3d:

Wieder einmal ist die Verwendung von einem Walking Bass recht knifflig, aber sehr effektiv. Beginne, indem du sehr langsam vorgehst und dich nicht darum kümmerst, im Rhythmus zu spielen. Wenn du dich verbesserst, beginne mit der Verwendung eines Metronoms und konzentriere dich mehr auf das Spielen im Takt.

Wenn du dich mit den Bass-Verbindungen sicherer fühlst, versuche, das Dominant-7-Voicing mit Grundtönen von F, G, Bb und Eb zu spielen.

Der nächste Schritt ist das Erlernen der C7-Voicings in einem musikalischen Kontext. Wir können dies tun, indem wir sie mit den Fm7-Voicings im vorherigen Kapitel kombinieren.

Die V – I Progression ist die häufigste Akkordbewegung in der Musik. Durch die Verbindung der Akkorde C7 und Fm7 werden wir schnell einige der wichtigsten Akkordsätze auf der Gitarre beherrschen.

Zunächst finde einmal die Voicings von C7 und Fm7, die am nächsten beieinander am Gitarrenhals liegen. Diese Akkordpaarungen sind in den folgenden Beispielen zu sehen.

Beispiel 3e:

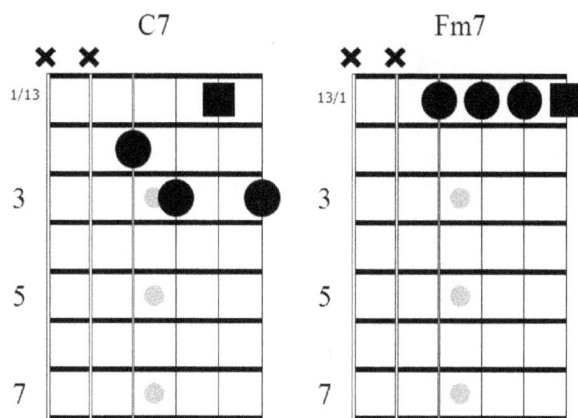

19

Beispiel 3f:

Beispiel 3g:

Beispiel 3h:

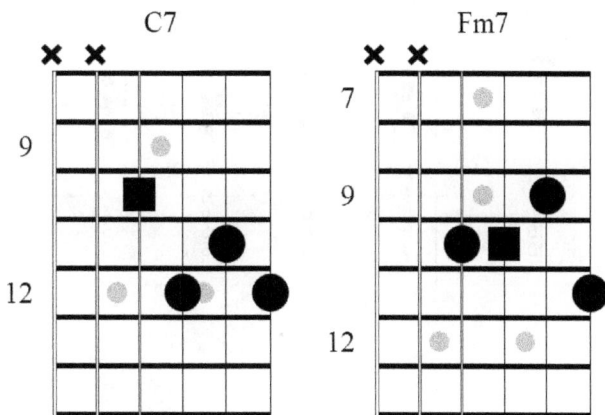

Versuche, diese Akkordfolgen zu einer längeren Linie zu verbinden, die den Hals hinaufführt.

Beispiel 3i:

Oder den Hals hinabführt.

Beispiel 3j:

Anstatt diesmal in naheliegendsten Akkordpaaren zu denken, steige jedes Mal ein Voicing auf, so dass die Melodie-Note nach Möglichkeit immer in der Tonhöhe ansteigt.

Beispiel 3k:

Schließlich kehrst du diese Idee um, so dass die Melodie nach Möglichkeit immer absteigt.

Beispiel 3l:

Du kannst alle oben genannten Beispiele über den dritten Backing Track, einen sich wiederholenden C7- bis Fm7-Vamp, üben.

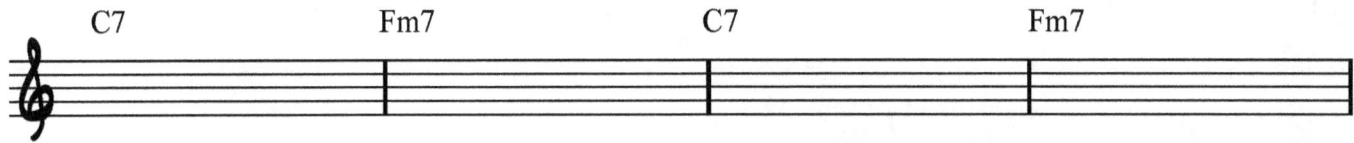

C7	Fm7	C7	Fm7

Wie immer, übe diese Ideen langsam und stelle sicher, dass du dir alle vier Voicings jedes Drop-2-Akkords vollständig eingeprägt hast, bevor du sie in verschiedenen Tonarten ausprobierst.

Spiele die Ideen der Beispiele 3i bis 3l in den folgenden Keys.

- BB-Moll (F7 - Bbm7)

- EB-Moll (Bb7 - Ebm7)

- C-Moll (G7 - Cm7)

- G-Moll (D7 - Gm7)

Versuche, diese Progressionen durch einige der Übungen in Kapitel achtzehn zu führen.

Wir haben uns jetzt viele Möglichkeiten angesehen, die Moll-V-I-Progression mit Drop-2-Akkorden auf den oberen vier Saiten durchzuspielen. Im nächsten Kapitel werden wir Akkord ii in einer Molltonart einführen: den m7b5-Akkord.

Kapitel Vier: Moll 7b5 Drop-2-Voicings

Wir haben nun sowohl die Moll-Tonika als auch den Dominantseptakkord in der Tonart F-Moll untersucht. Um diese Progression zu erweitern, werden wir im ii Akkord Gm7b5 hinzufügen, mit dem wir die wichtige Moll ii V i-Progression bilden können.

Die vier Drop-2-Voicings für Gm7b5 werden wie folgt gespielt. Denke daran, den Positionen der Grundtöne in jeder Form große Aufmerksamkeit zu schenken.

Beispiel 4a:

Wiederhole die folgenden Schritte, um den Klang dieser Voicings zu speichern und zu verinnerlichen.

1) Steige durch die Voicings vom tiefsten zum höchsten auf.

2) Steige durch die Voicings von obersten zum untersten ab.

3) Bewege dich zwischen Akkordpaaren, wobei du das Griffbrett allmählich auf- oder absteigst.

4) Überspringe Akkorde und spiele abwechselnd Voicings, die den Hals auf- und absteigen (wie in Beispiel 2d).

5) Jamme zusammen mit dem vierten Backing Track, einem statischen Gm7b5-Groove.

6) Verbinde die Akkorde mit einem Walking Bass.

Verwende die folgende lokrische Bebop-Skala, um die Akkord-Voicings zu verbinden.

Beispiel 4b:

G Locrian Bebop

Mit einem Walking Bass können die vier Voicings des Gm7b5-Akkords wie folgt gespielt werden:

Beispiel 4c:

Denke daran, dass die Verwendung von Walking Bass recht knifflig, aber sehr effektiv ist. Beginne, indem du sehr langsam vorgehst und dich nicht darum kümmerst, im Rhythmus zu spielen. Wenn du dich verbesserst, beginne mit der Verwendung eines Metronoms und konzentriere dich mehr darauf, im Takt zu spielen, bis du die Geschwindigkeit des Metronoms erhöhen und jeden Akkord leicht greifen kannst.

Wenn du dich mit den Basslinen sicherer fühlst, versuche, die m7b5-Voicings mit Grundtönen von Eb, C, Bb und Db zu spielen.

Um diese m7b5-Akkord-Voicings zu festigen und in einen musikalischen Kontext zu stellen, werden wir sie nun in Verbindung mit den C7- und Fm7-Akkorden der beiden vorangegangenen Kapitel lernen.

Du erinnerst dich vielleicht, eine der besten Möglichkeiten, diese Akkorde zu üben, ist, die kleinstmögliche Bewegung zwischen den Akkordwechseln finden. Da du bereits im vorherigen Kapitel den Wechsel von C7 nach Fm7 gemeistert hast, sollte das Hinzufügen des Gm7 zu einem vollständigen Moll ii V i nicht allzu lange dauern.

Um Platz zu sparen, werden die folgenden vier Akkordfolgen in einem notierten Beispiel zusammengefasst.

Beispiel 4d:

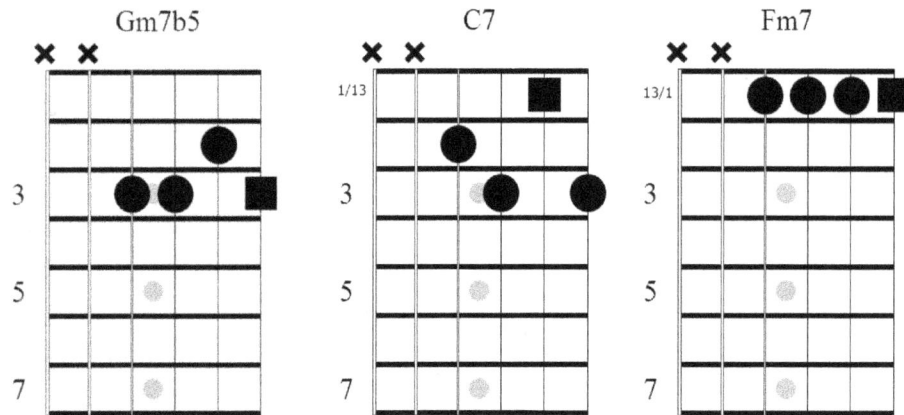

Beispiel 4e:

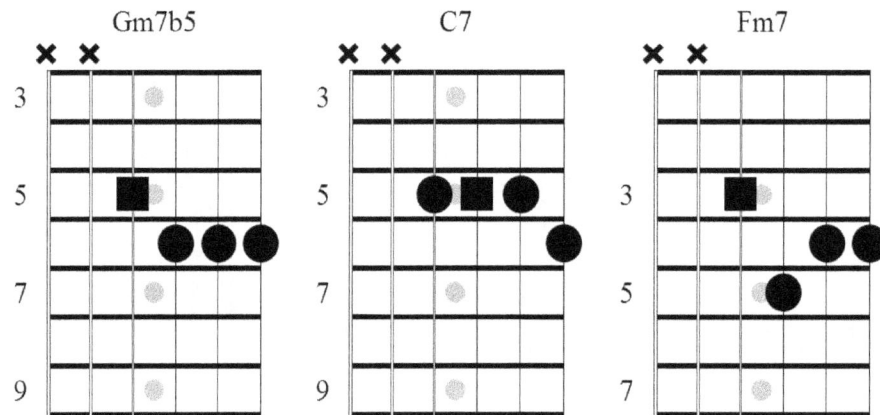

Beispiel 4f:

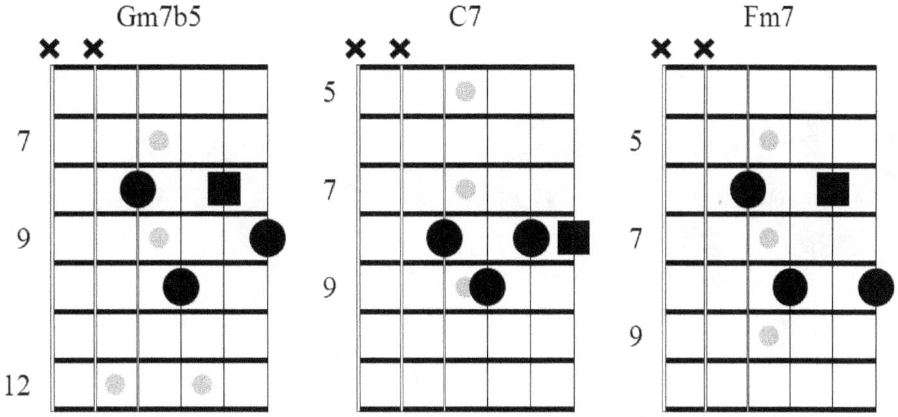

Beispiel 4g:

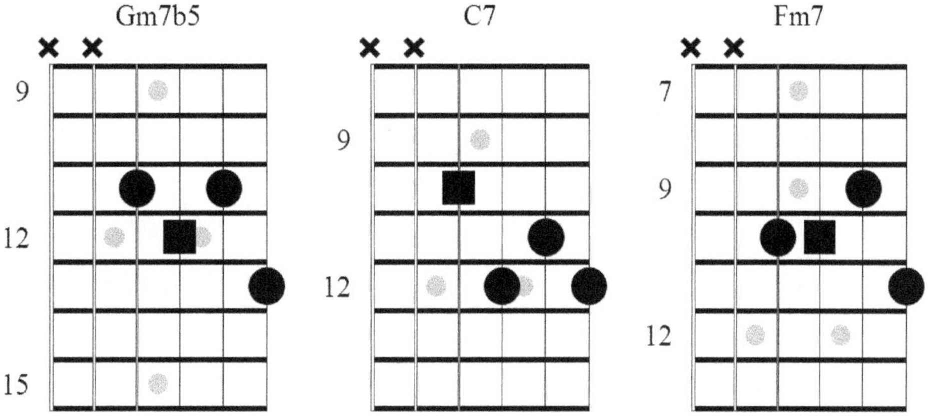

Beispiele 4d-4g:

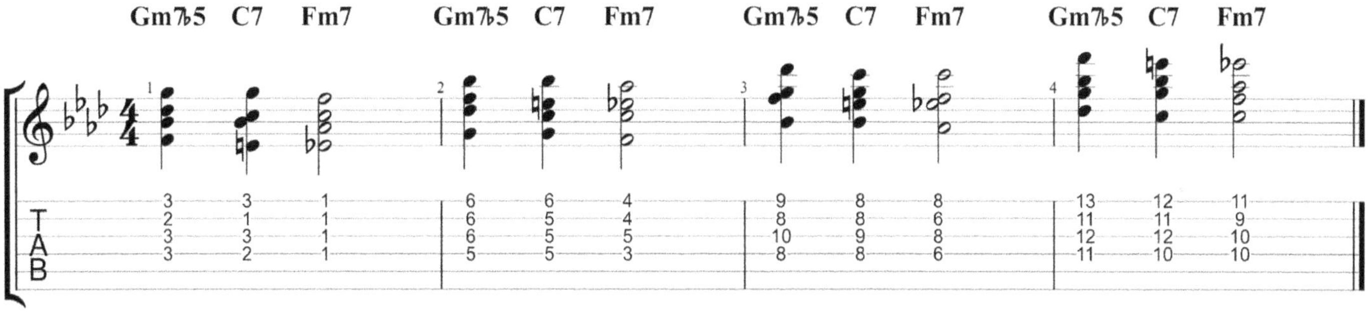

Diese Ideen sind sehr effektiv, wenn man den Hals hinabgeht:

Beispiel 4h:

```
        Gm7b5  C7   Fm7      Gm7b5  C7   Fm7      Gm7b5  C7   Fm7      Gm7b5  C7   Fm7
      13   12   11         9    8    8         6    6    4         3    3    1
T     11   11    9         8    8    6         6    5    4         2    1    1
A     12   12   10        10    9    8         6    5    5         3    3    1
B     11   10   10         8    8    6         5    5    3         3    2    1
```

Eine sehr effektive Technik ist die Verwendung von Voicings, die dazu führen, dass die Melodienote auf der ersten Saite mit jedem Akkordwechsel ansteigt. Wenn man an verschiedenen Stellen am Hals beginnt, gibt es mindestens zwei verschiedene Möglichkeiten, eine ständig aufsteigende Melodie zu erzeugen.

Beispiel 4i:

```
     Gm7b5       C7        Fm7          Gm7b5       C7        Fm7
      3          6          8            9          12        13
T     2          5          6            8          11        13
A     3          5          8           10          12        13
B     3          5          6            8          10        13
```

Beispiel 4j:

```
     Gm7b5       C7        Fm7          Gm7b5       C7        Fm7
      6          8         11           13          15        16
T     6          8          9           11          13        16
A     6          9         10           12          15        17
B     5          8         10           11          14        15
```

Übe die gleiche Akkordfolge, aber diesmal finde Wege, wie du die Melodie auf der ersten Saite auf jedem Voicing absteigen lassen kannst.

Du kannst die ii V i-Akkordfolge in diesem Kapitel mit dem Backing Track fünf üben:

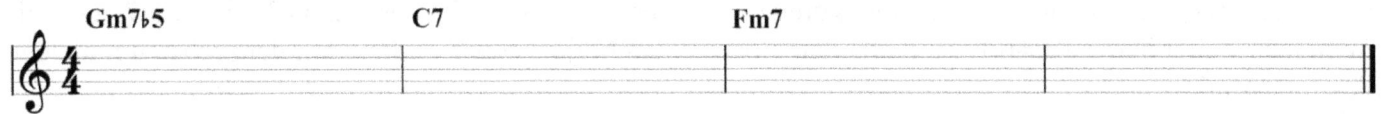

Gm7♭5   **C7**   **Fm7**

Du wirst wahrscheinlich bereits wissen, dass die Moll ii V i-Progression in der Jazzmusik extrem häufig auftritt. Indem du diese üblichen Sequenzen in den Griff bekommst, wirst du immer interessante und melodische ‚Akkord-Licks' spielen können. Das Wissen um diese Art von Akkordwechseln ist auch wichtig, wenn wir anfangen, dem V-Akkord in Kapitel neun chromatische Spannungsnoten hinzuzufügen.

Vergiss nicht, diese Sequenzen in anderen Tonarten zu üben. Einige der nützlichsten sind B-Moll, G-Moll, D-Moll und Es-Moll. Versuche, diese Progressionen durch einige der Übungen in Kapitel 18 zu spielen.

Kapitel Fünf: Major 7 Drop-2-Voicings

Wir haben uns nun drei der vier wichtigsten 7er-Akkordtypen in der modernen Musik angesehen: m7, ‚7' und m7b5. Die letzte Akkordqualität, die wir (vorerst) untersuchen müssen, ist der Major 7 oder Maj7-Akkord. Wenn man weiter in der Tonart F-Moll arbeitet, gibt es einen Major Sieben-Akkord auf der sechsten Stufe der Skala: DbMaj7.

Mit einem DbMaj7-Akkord unter den Fingern können wir eine weitere verbreitete musikalische Progression spielen: iim7b5 - V - I - bVI, die zu Gm7b5 - C7 - Fm7 - DbMaj7 in der Tonart F-Moll wird.

Da diese Akkordfolge alle vier Arten von Sept-Akkorden verwendet, ist sie ein hervorragendes Übungsvehikel, um zu lernen, wie diese Voicings auf der Gitarre funktionieren.

Die vier Drop-2-Formen von DbMaj7, die du kennen musst, sind wie folgt.

Beispiel 5a:

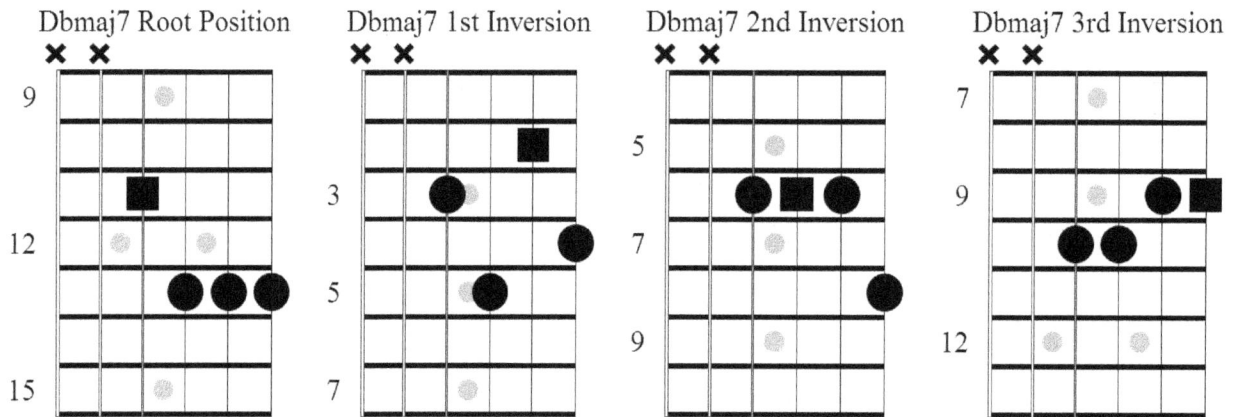

Diese können von unten bis oben am Gitarrenhals wie folgt angeordnet werden.

Beispiel 5b:

Wiederhole wie immer die folgenden Schritte, um den Klang dieser Voicings zu speichern und zu verinnerlichen.

1) Steige durch die Voicings von unten nach oben auf.

2) Steige durch die Voicings von oben nach unten ab.

3) Bewege dich zwischen Akkordpaaren, wobei du das Griffbrett allmählich auf- oder absteigst.

4) Überspringe Akkorde und spiele abwechselnd Voicings, die den Hals auf- und absteigen (wie in Beispiel 2d).

5) Jamme zusammen mit dem Backing Track sechs, einem statischen DbMaj7-Groove.

6) Verbinde die Akkorde mit einem Walking Bass.

Die Noten der Bassline können der Db-Dur-Skala entnommen werden, sind aber in diesem Zusammenhang aufgrund der Voicings, die einen Halbton zwischen der Septime und Grundton enthalten, etwas schwieriger zu verwenden.

Beispiel 5c:

Db Major

Studiere das folgende Beispiel und beachte, wie ich ein *Approach*-Notenmuster im Bass verwende, um die Akkorde im Takt zu halten.

Beispiel 5d:

Stelle sicher, dass du diese Voicings in den Tonarten Bb, C, Eb, F und G spielen kannst. Denke daran, absolut sicher zu sein, wo sich der Grundton in jeder Form befindet.

Wir haben nun die vier grundlegenden „7er" Akkordtypen behandelt: Maj7, m7, 7 und m7b5. Kombinieren wir sie in der folgenden Moll ii V i VI-Akkordfolge: Gm7b5, C7, Fm7, DbMaj7.

Beginne, indem du den nächstmöglichen Weg findest, dich zwischen diesen Akkorden in jeder Position am Hals zu bewegen. Die folgenden Beispiele sind platzsparend in einer Notationslinie unter den Diagrammen zusammengefasst.

Beispiel 5e:

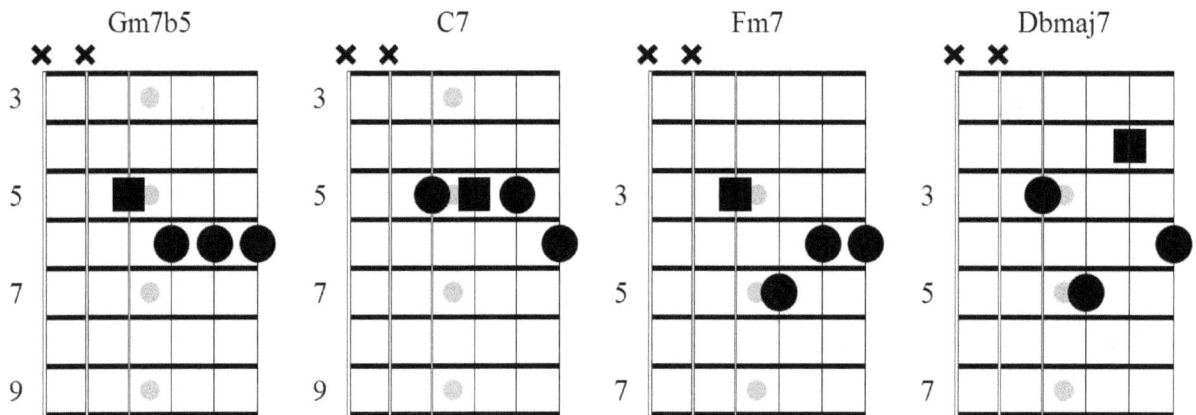

Beispiel 5f:

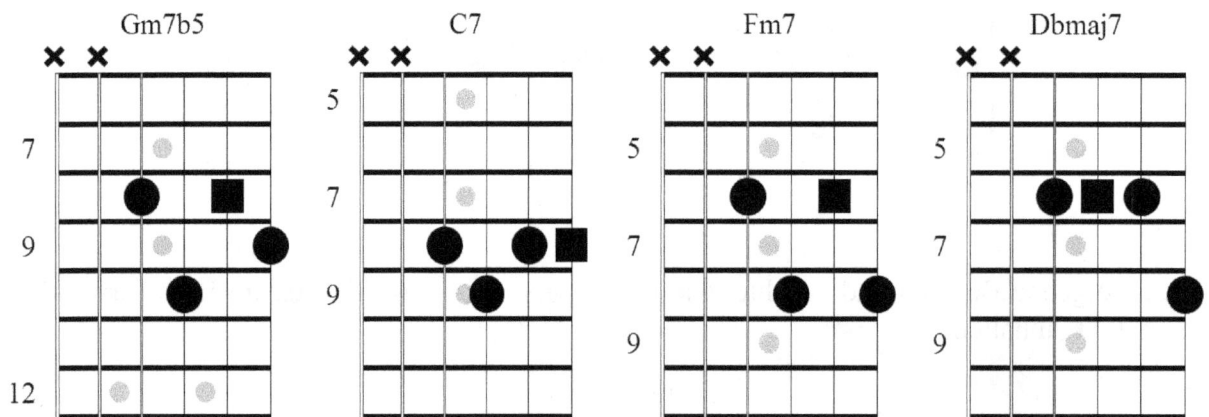

Beispiel 5g:

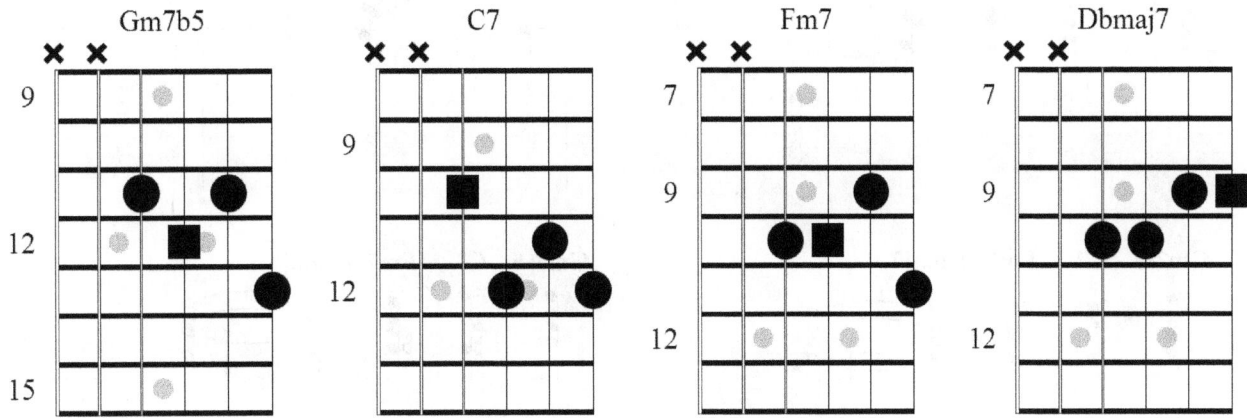

Beispiel 5h:

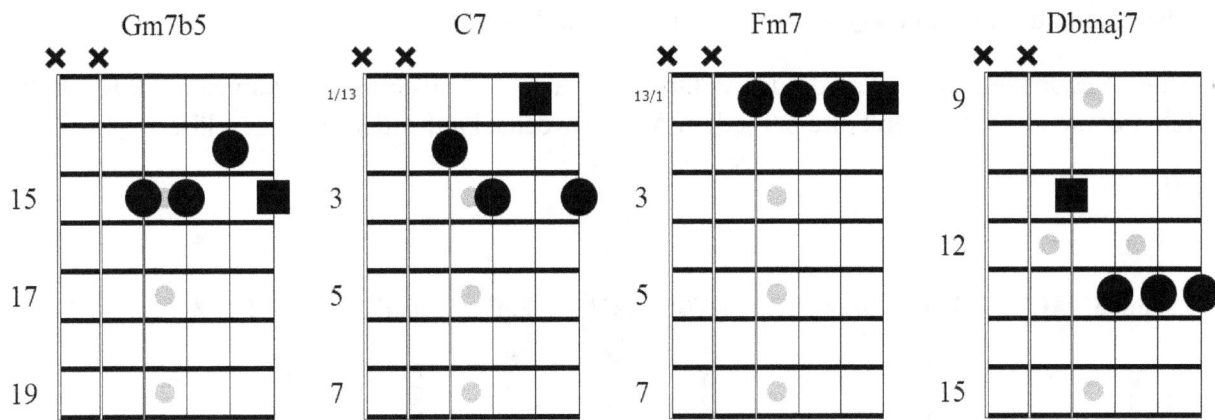

Beispiele 5e-5h:

Beachte, dass sich nur eine Note zwischen Fm7 und DbMaj7 ändert.

Probiere diese Sequenzen aus, indem du den Gitarrenhals auf- und absteigst. Du kannst auch Ideen üben, wo du die Melodienote auf der ersten Saite bei jedem Akkordwechsel auf- oder absteigen lässt.

Beispiel 5i:

Eine weitere Möglichkeit, sich dieser Sequenz zu nähern, könnte darin bestehen, die ersten beiden Akkorde in einer „Position" und die zweiten beiden in einer höheren oder niedrigeren Position zu spielen.

Beispiel 5j:

Versuche schließlich, alle vier Voicings jedes Akkords in einem Takt zu spielen. Versuche, dein Spiel so zu organisieren, dass der Akkordwechsel zwischen verschiedenen Voicings bei jeder Wiederholung stattfindet.

Beispiel 5k:

Du kannst diese Idee mit dem Backing Track sieben umsetzen. Versuche, diese Progressionen durch einige der Übungen in Kapitel achtzehn zu führen.

Kapitel Sechs: Drop-2-Akkordfolgen

Bisher haben wir an der Entwicklung der Moll ii V i bVI-Progression (Gm7b5 - C7 - Fm7 - DbMaj7) gearbeitet, aber es gibt natürlich viele andere Möglichkeiten, diese vier Akkordtypen zu verwenden.

Die Mehrheit der Jazzstandards ist fast ausschließlich mit den bisher untersuchten Akkordtypen Maj7, m7, 7 und m7b5 geschrieben. Natürlich werden auch andere Akkorde verwendet, aber wenn du mit diesen harmonischen Hauptbausteinen vertraut bist, wirst du schnell in der Lage sein, durch jede Folge von Akkorden zu navigieren, auf die du stößt.

Um dein Verständnis und deine Gewandtheit zu vertiefen, studiere die folgenden, häufig vorkommenden Beispiele.

Wir beginnen mit der Harmonisierung einer vollständigen Skala und der Verwendung von Drop-2-Voicings, um sie durchzuspielen. Dies sind die Akkorde, die auf jeder einzelnen Stufe der Db-Dur-Skala aufgebaut sind:

Tonleiter-stufe	I Maj7	iim7	iiim7	IVMaj7	V7	vim7	viim7b5
Beispiel in Db-Dur	DbMaj7	Ebm7	Fm7	GbMaj7	Ab7	Bbm7	Cm7b5

Zu Beginn findest du das niedrigstmögliche Voicing von DbMaj7 auf dem Gitarrenhals und steigst dann durch die Akkord-Tonleiter auf, indem du jedes Mal ein Drop-2-Voicing auf den oberen vier Saiten verwendest.

Beispiel 6a:

Beachte, dass alle Voicings im vorherigen Beispiel ihren Grundton auf der zweiten Saite haben.

Db Major

Diesmal spielen wir die gleiche harmonisierte Tonleiter, verwenden aber ein unterschiedliches Voicing jedes Akkords, um den Grundton auf der ersten Saite zu halten.

Die niedrigste Note auf der ersten Saite, die in der Skala von Db-Dur enthalten ist, ist F (erster Bund).

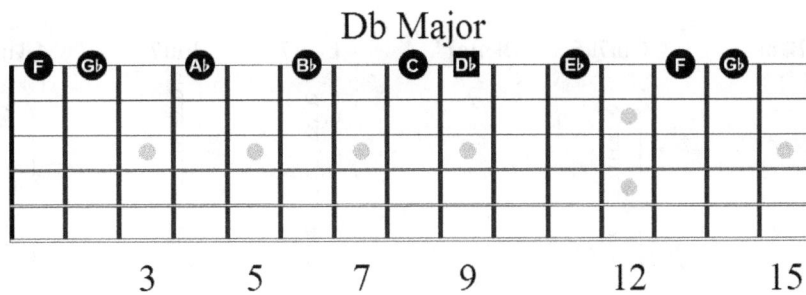

Db Major

Da wir die Grundtöne jedes Akkords auf der obersten Saite behalten wollen, werden wir die gleiche Akkordfolge ab dem Fm7-Akkord spielen.

Beispiel 6b:

Beginne nun mit dem niedrigsten verfügbaren Drop-2-Voicing mit seinem Grundton auf der dritten Saite.

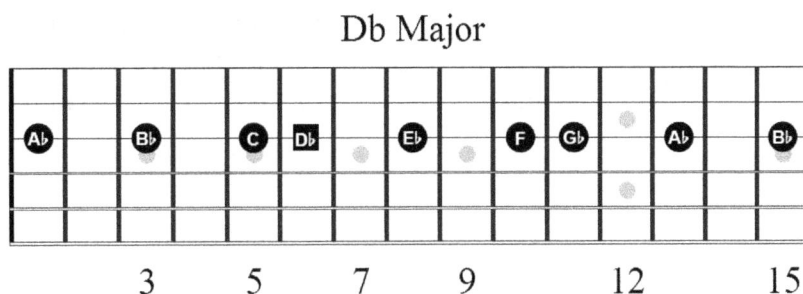

Db Major

Tonleiter-stufe	I Maj7	iim7	iiim7	IVMaj7	**V7**	vim7	viim7b5
Beispiel in Db-Dur	DbMaj7	Ebm7	Fm7	Gbm7	**Ab7**	Bbm7	Cm7b5

Der niedrigste verfügbare Drop-2-Akkord, den wir mit einem Grundton auf der dritten Saite spielen können, ist Ab7. Steige durch alle Akkorde in der Tonart Db-Dur mit Drop2-Akkorden auf, während du den Grundton jedes Akkords auf der dritten Saite behältst.

Beispiel 6c:

Finde dann den Drop-2-Akkord mit dem niedrigstmöglichen Grundton auf der vierten Saite.

Db Major

Tonleiterstufe	I Maj7	**iim7**	iiim7	IVMaj7	V7	vim7	viim7b5
Beispiel in Db-Dur	DbMaj7	**Ebm7**	Fm7	Gbm7	Ab7	Bbm7	Cm7b5

Der niedrigstmögliche Drop-2-Akkord, den du in der Tonart Db-Dur mit einem Grundton auf der vierten Saite spielen kannst, ist Ebm7. Spiele wieder durch die folgende Db-Dur-Skala, die mit Septim-Akkorden harmonisiert ist. Jeder Drop-2-Akkord hat nun einen Grundton auf der vierten Saite.

Beispiel 6d:

Diese Art von Übungen sind äußerst nützlich und werden häufig in der Musik verwendet. Sie sollten in so vielen Tonarten wie möglich geübt werden, aber du kannst den Tonarten C-Dur, Bb-Dur, Es-Dur und F-Dur Priorität geben.

Die vorherigen vier Beispiele zeigten, wie man mit Drop-2-Akkorden mit Grundton auf den oberen vier Saiten durch eine harmonisierte Tonleiter aufsteigt. Nachdem wir das niedrigstmögliche Drop-2-Voicing gefunden hatten, das wir spielen konnten, stiegen wir den Hals mit Voicings auf, die den Grundton auf der gleichen Saite hielten.

Diesmal werden wir die harmonisierte Tonleiter durchlaufen, aber wir werden nun unsere Hand in nur einer Position am Hals halten. Diese Art von Übung testet wirklich dein Griffbrettwissen. Um die Übung etwas einfacher zu machen, werden wir zu einer einfacheren Tonart übergehen.

Diesmal spielen wir die Akkorde in der harmonisierten C-Dur-Skala:

Tonleiterstufe	I Maj7	iim7	iiim7	IVMaj7	V7	vim7	viim7b5
Beispiel in C-Dur	CMaj7	Dm7	Em7	Fm7	G7	Am7	Bm7b5

Spiele die harmonisierte C-Dur-Skala mit Drop-2-Akkorden durch, aber achte darauf, dass *jede* Note zwischen der offenen Saite und dem fünften Bund enthalten ist. Es ist in Ordnung, offene Saiten in Akkord-Voicings zu verwenden, und manchmal gibt es mehr als eine Option für jeden Akkord.

Beispiel 6e:

Wiederhole diese Übung, beginnend mit höheren Voicings des CMaj7-Akkords, und spiele alle deine Voicings innerhalb einer Spanne von fünf Bünden. Wie immer, probiere diese Übung in den gängigen Tonarten aus.

Als nächstes werden wir uns die Dur ii V I-Sequenz ansehen und sie für unsere Erforschung von Erweiterungen, Substitutionen und chromatischen Alterationen von Drop-2-Akkorden verwenden.

Der Einfachheit halber in der Tonart C-Dur bleibend, wird die ii V I-Progression durch diese Akkorde gebildet.

Dm7 - G7 - CMaj7.

Spiele mit den bereits abgedeckten Drop-2-Voicings die ii V I-Sequenz in allen vier Positionen durch.

Beispiel 6f:

Wie bei den Moll ii V I - und ii V i bIV-Akkordfolgen in früheren Kapiteln, übe das Auf- und Absteigen am Hals mit Dur ii V I-Drop-2-Voicings auf den oberen vier Saiten.

Du kannst unter Verwendung von Backing Track acht üben, damit du deine Ideen im Kontext hören kannst:

Vergiss nicht, dass du diese Akkordfolge so spielen kannst, dass die Melodie auf der oberen Saite entweder aufsteigt oder absteigt. Hier ist ein Weg, dies zu erreichen.

Beispiel 6g:

Wenn du experimentierfreudig bist, kannst du den VI-Akkord zur ii V I-Progression hinzufügen. Spiele ihn entweder als ein m7- oder 7-Akkord. In der Tonart C ist die ii V I VI-Progression Dm7 - G7 - Cmaj7 - Am7 (oder A7).

Verbringe so viel Zeit wie möglich damit, die Abläufe in diesem Kapitel zu verinnerlichen. Versuche, jeden Tag an einer neuen Tonart zu arbeiten. Achte besonders auf die Position des Grundtons in jedem Voicing.

Im nächsten Kapitel werden wir lernen, wie man einfache Akkorde mit natürlichen Erweiterungen erstellt, indem man diese grundlegenden Drop-2 Sept-Akkordbausteine nutzt.

Kapitel Sieben: Akkorderweiterungen mit None (9)

Wenn wir Rhythmusgitarre spielen, ist es wichtig zu wissen, dass, nur weil ein Akkordsymbol, wie CMaj7, geschrieben wird, es nicht unbedingt bedeutet, dass CMaj7 der *einzige* Akkord ist, den wir an diesem Punkt spielen können. Oftmals können wir stattdessen ein CMaj9 spielen. Wir müssen uns bewusst sein, dass CMaj9 eine reichere Textur als ein CMaj7-Akkord hat, aber in Bezug auf seine harmonische Funktion ist CMaj9 normalerweise mit CMaj7 austauschbar. Wenn es ein Problem mit dem Spielen eines Neuner-Akkords gibt, werden es dir deine Ohren schnell sagen!

Man kann sagen, dass jeder 7er Akkord (Maj7, m7, 7 oder m7b5) normalerweise durch einen 9er Akkord ersetzt werden kann. Du könntest auf einige Probleme mit einem m7b5-Voicing stoßen, je nachdem, ob es von der Dur-Tonleiter oder einer harmonischen/melodischen Moll-Tonleiter abgeleitet ist, aber heutzutage ist m9b5 eine gängige Textur in der Musik, also lasse den ultimativen Richter deine Ohren sein.

Du erinnerst dich vielleicht aus dem ersten Teil dieser Serie, dass der Grundton eines Akkords keine essentielle Note ist, die man in einem Akkord-Voicing spielen muss. Dies gilt insbesondere, wenn wir in einer Situation spielen, in der ein Bassist, Pianist oder Organist die Grundtöne jedes Akkords spielt. Wenn sie sich um den Grundton kümmern, erlaubt es uns, reichere Harmonien zu spielen, die den Grundton nicht enthalten.

Der einfachste Weg, einen Akkord vom Typ 9 zu erstellen, besteht darin, den Grundton unseres Akkord-Voicings einen Ton nach oben zu verschieben. Indem ich zum Beispiel dieses Voicing von CMaj7 nehme und den Grundton um einen Ton nach oben verschiebe, habe ich einen CMaj9-Akkord ohne Grundton erstellt.

Beispiel 7a:

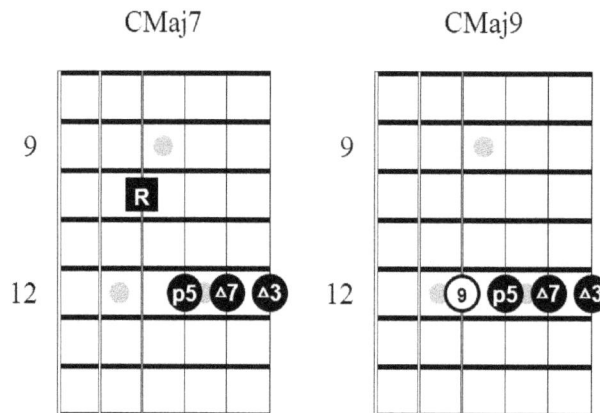

Dieses Prinzip kann auf jedes beliebige Voicing des CMaj7 oder anderer Sept-Akkorde angewendet werden.

Beispiel 7b:

CMaj7   CMaj9

CMaj7   CMaj9

CMaj7   CMaj9

Du wirst alle Akkordformen auf der rechten Seite von vorherigen Beispielen als m7-Voicings erkennen. Dies wurde zuvor in Teil eins dieser Serie im Rahmen von *Substitutionen* diskutiert.

Die Noten in einem CMaj7-Akkord sind C *E G B D*.

Die Noten in einem Em7-Akkord sind E G B D.

Der Akkord von Em7 kann als grundtonloser CMaj9-Akkord betrachtet werden. Musiker spielen oft einen Em7-Akkord anstelle eines CMaj7-Akkords, um eine CMaj9-Harmonie zu erzeugen.

Dieses Konzept lässt sich mit der folgenden Regel zusammenfassen:

Jeder Maj7-Akkord kann durch einen m7-Akkord ersetzt werden, der auf der Terz des ursprünglichen Akkords aufgebaut ist, um einen Maj9 zu erzeugen.

Anstelle von GMaj7 kannst du beispielsweise Bm7 spielen, um einen GMaj9-Sound zu erzeugen.

Anstelle von DMaj7 kannst du auch einen F#m7-Akkord spielen, um einen DMaj9-Sound zu erzeugen.

Dies mag zunächst kompliziert erscheinen, aber mit der richtigen Praxis wirst du schnell anfangen, Substitutionsmöglichkeiten leicht zu erkennen. Sie werden Teil deiner Akkord-„Licks". Um diese Ideen in dein Spiel zu integrieren, übe Folgendes.

Spiele eine Dur ii V I-Progression in C durch, aber anstatt einen CMaj7-Akkord auf der Tonika zu spielen, bewege den Grundton des Akkords um einen Ton nach oben und spiele CMaj9. Versuche, den neuen Akkord *sowohl* als CMaj7 mit angehobenem Grundton als *auch* als Em7-Akkord-Voicing zu visualisieren. Übe dieses Konzept mit der Unterstützung von Backing Track acht, damit du hören kannst, wie die hinzugefügte 9. den Sound beeinflusst.

Backing Track acht:

Übung 7c:

Beachte, wie sich die Stimmführung in den vorherigen Sequenzen verändert hat. Nur eine Note wechselte zwischen den Akkorden G7 und CMaj7. Durch die Entwicklung unseres Wissens über Substitutionen können wir leicht melodische, fließende Akkordlinien erzeugen.

,9' Akkorde

Die Idee, dass wir den Grundton eines Akkords zu einem 9er erhöhen können, kann auf fast jeden Akkordtyp angewendet werden.

Um einen Dominant 9 zu erzeugen, können wir den Grundton eines Dominantseptakkords um einen Ton erhöhen.

Beispiel 7d:

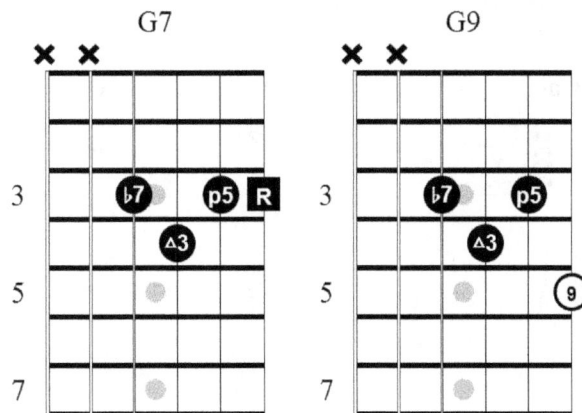

Alle vier Voicings des G7-Akkords können auf diese Weise behandelt werden. Sie werden wie folgt gespielt.

Beispiel 7e:

Wie du vielleicht bemerkt hast, erzeugen wir, indem wir den Grundton eines Sept-Akkords um einen Ton nach oben verschieben, einen m7b5-Akkord, der auf der Terz des ursprünglichen Akkords aufgebaut ist. Alle G9-Akkorde im vorherigen Beispiel können als Bm7b5-Akkorde betrachtet werden.

Versuche erneut, die ii V I-Progression durchzuspielen, aber diesmal ersetzt du jeden G7-Akkord durch einen G9-Akkord.

Beispiel 7f:

Natürlich sollte es selbstverständlich sein, dass in dieser Progression jeder CMaj7-Akkord durch einen CMaj9 ersetzt werden kann.

Arbeite das vorherige Beispiel noch einmal durch, verwende aber CMaj9-Akkorde.

Beispiel 7g:

Während du dich durch diese Ideen arbeitest, wirst du immer mehr Möglichkeiten finden, die ii V I-Akkordfolge zu durchspielen. Mein Ratschlag ist, einfach einige „Pfade" durch die Änderungen zu finden und sie dir als Akkord-Licks zu merken, damit man sofort etwas zum Spielen hat. Wenn du mehr Erfahrung sammelst, wirst du in der Lage sein, mit diesen Arten von Voicings zu improvisieren und freier zu spielen.

m9-Akkorde

Der m7-Akkord kann zu einem m9 gemacht werden, indem man den Grundton um einen Ton anhebt.

Beispiel 7h:

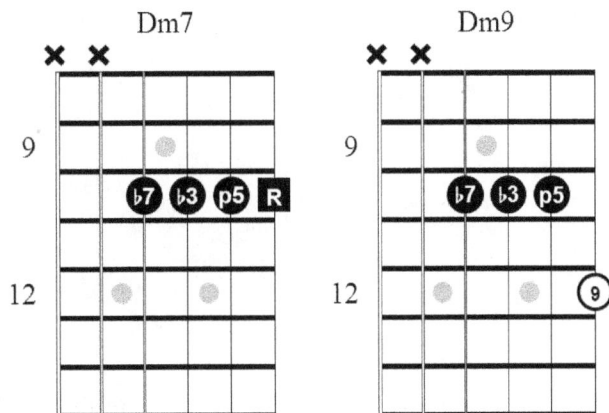

Die vier Voicings von Dm7 können auf folgende Weise in m9-Akkorde umgewandelt werden.

Beispiel 7i:

Wie du sehen kannst, indem wir den Grundton eines m7-Akkords anheben, erzeugen wir einen Maj7-Akkord, der auf der Terz des ursprünglichen Akkords aufgebaut ist. In den vorherigen Beispielen siehst du, dass ein Dm9 als grundtonloser FMaj7-Akkord angesehen werden kann.

Kehre erneut zur Dur ii V I-Progression zurück und spiele Dm9-Akkorde anstelle von jedem Dm7.

Beispiel 7j:

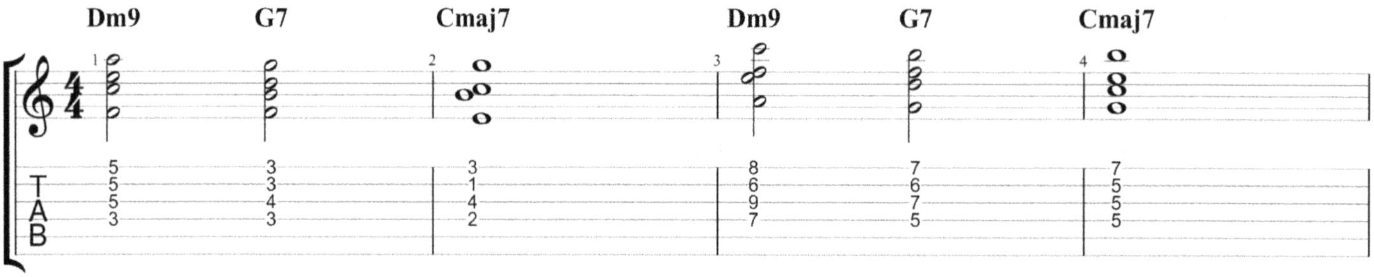

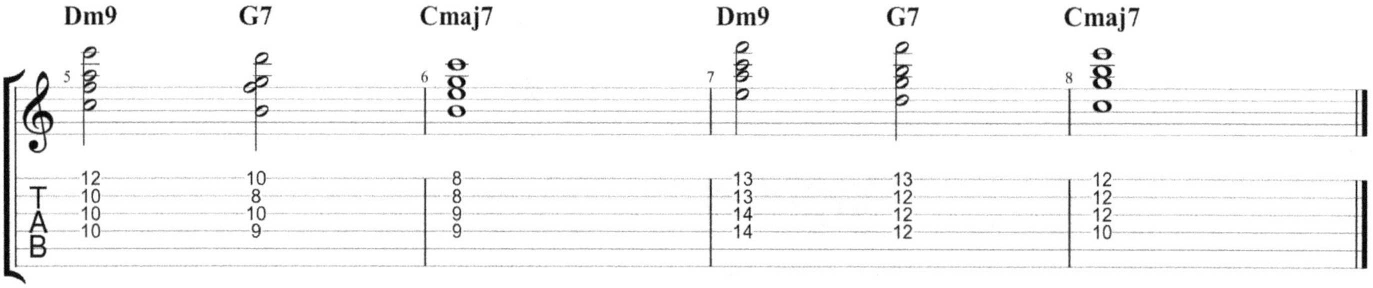

Du hast jetzt zwei Optionen, die du für jeden Akkord spielen kannst: entweder ein 7er oder ein 9er Voicing.

Sieh, wie viele Möglichkeiten es gibt, diese Texturen zu kombinieren. Versuche, das Auf und Ab am Hals zu üben oder einfach nur in einer Position zu bleiben. Hier ist eine Möglichkeit, die Sequenz in dem Bereich des fünften Bundes durchzuspielen.

Beispiel 7k:

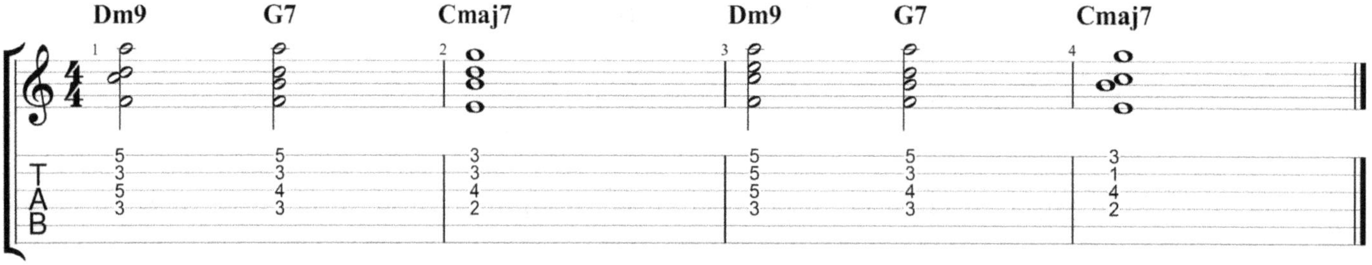

Versuche, auf diese Weise in allen Bereichen des Halses zu experimentieren.

m7b5b9-Akkorde

Den m7b5-Akkord betrachtet man am häufigsten als auf der siebten Stufe der Dur-Tonleiter aufgebaut. Dieses Konzept ist in der folgenden Tabelle zu sehen:

Tonleiterstufe	I Maj7	iim7	**iiim7**	IVMaj7	V7	vim7	**viim7b5**
Beispiel in C-Dur	CMaj7	Dm7	**Em7**	Fm7	G7	Am7	**Bm7b5**

Wenn der m7b5-Akkord zu einem 9er erweitert wird, ist es wichtig zu beachten, dass die richtige Erweiterung in diesem Zusammenhang *b9* (kleine None) ist, nicht eine 9. (große None), denn der Abstand von der siebten zur achten Note in der Dur-Tonleiter ist ein *Halbton*.

Ein b9-Intervall wird gebildet, wenn der Abstand zwischen dem Grundton des Akkords und der 9. eine Oktave plus einen Halbton beträgt.

Ein 9.-Intervall wird gebildet, wenn der Abstand zwischen dem Grundton des Akkords und der 9. eine Oktave plus einen Ton beträgt.

Im Falle, dass Bm7b5 als Akkord vii von C-Dur fungiert, ist die Note C nur einen Halbton über der Note B. Dies bildet ein b9-Intervall.

Eine weitere wichtige Stelle, an der das b9-Intervall auftritt, ist auf Akkord iii der Dur-Tonleiter. Dies wäre der Akkord von Em7 in der Tonart C. Der Abstand zwischen E und F (der 9. von E) ist ebenfalls ein Halbton, so dass Akkord iii in der C-Dur-Skala „korrekt" zu Em7b9 harmonisiert wird.

Der m7b5-Akkord tritt aber auch in den harmonisierten melodischen und harmonischen Molltonleitern auf. In diesen Situationen wird er zu einem m9b5-Akkord harmonisiert (ein m7b5-Akkord mit einer zusätzlichen *großen* 9, die eine Oktave und einen Ton über dem Grundton ist).

Zusammenfassend lässt sich sagen, dass ein m7b5b9-Akkord ein m7b5-Akkord ist, der einen zusätzlichen 9. *Halbton* über dem Grundton hat.

Ein m9b5-Akkord ist ein m7b5-Akkord, der eine zusätzliche 9. einen *Halbton* über dem Grundton hat.

Diese Informationen mögen zunächst etwas einschüchternd erscheinen, und wenn man sie in den Kontext stellt, dass man mehrere Voicings für jeden Akkord lernen muss, kann es ein wenig beängstigend wirken.

Wie ich bereits in der Einleitung erwähnt habe, haben einige Akkord-Voicings einfach keine Priorität, was das Lernen angeht, und m7b5b9- und m9b5-Akkorde haben eine recht geringe Bedeutung.

Mein Ratschlag ist folgender: Du wirst praktisch *nie* auf eine Situation stoßen, in der es unerlässlich ist, entweder einen m7b5b9- oder m9b5- Akkord zu spielen. Wenn du es jemals geschrieben siehst, kannst du *immer* einen m7b5-Akkord spielen und perfekt musikalisch klingen.

Natürlich, wenn du weißt, wo sich der Grundton in einem m7b5-Akkord befindet, kannst du ihn einfach um einen Halbton oder einen Ton erhöhen, um die gewünschte Harmonie zu erreichen.

Wir kennen bereits die Akkord-Voicings für Gm7b5, also lass uns eine dieser Formen noch einmal mit den markierten Intervallen untersuchen.

Gm7b5   Gm7b5b9

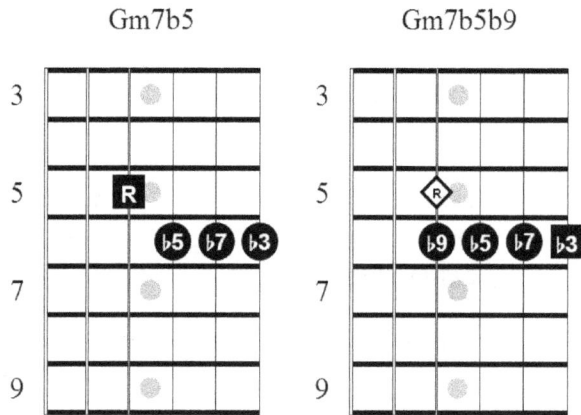

Hoffentlich kannst du sofort sehen, dass wir durch das Anheben des Grundtons des m7b5-Akkords um einen Halbton ein einfaches m7-Voicing erzeugen, das auf der b3 (kleinen Terz) des m7b5-Akkords basiert. In diesem Fall ist die Substitution Bbm7 anstelle von Gm7b5b9.

Die bisherigen Ideen lassen sich wie folgt zusammenfassen:

Jeder m7b5-Akkord kann durch einen m7-Akkord ersetzt werden, der auf der b3. des ursprünglichen Akkords aufgebaut ist, um einen m7b5b9-Akkord zu erstellen.

Die restlichen drei Umkehrungen des m7b5b9-Akkords sind hier zu sehen.

Gm7b5b9   Gm7b5b9   Gm7b5b9

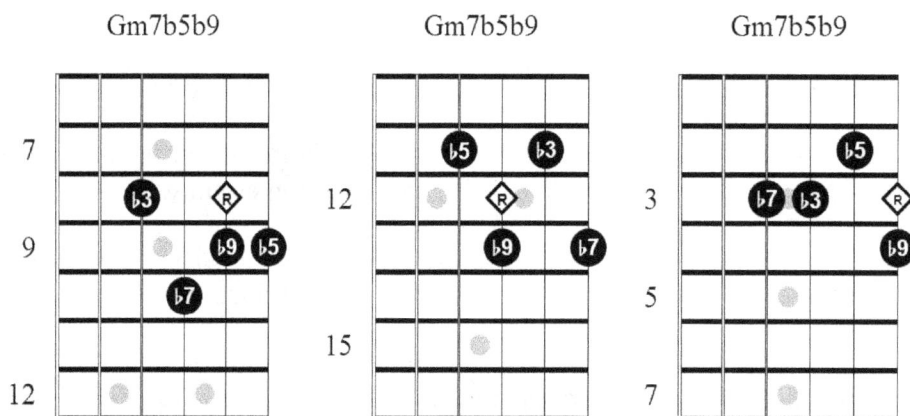

Spiele die folgende Sequenz durch, verwandle jedes m7b5-Voicing in einen m7b5b9-Akkord und versuche, dies über dem Backing Track vier, einem Gm7b5-Vamp, zu spielen.

Beispiel 7l:

Der m7b5b9-Akkord kann fast immer anstelle eines m7b5-Akkords verwendet werden, aber du musst vorsichtig sein, da es einige Gelegenheiten geben wird, bei denen ein m9b5-Akkord gespielt werden sollte. Deine Ohren werden dich recht schnell auf diese Umstände aufmerksam machen, obwohl man sagen sollte, dass die Tonalität des m9b5 etwas moderner und angesagter ist.

Übe vorerst den m7b5m9-Akkord im Kontext eines Moll ii V i. Spiele die folgende Sequenz durch, zuerst mit einem m7b5-Akkord und dann mit einem m7b5b9-Akkord (m7-Akkord auf der b3). Verwende den Backing Track fünf, damit du diese Voicings im Kontext hören kannst.

Die Akkordwechsel werden mit der halben Frequenz der folgenden Beispiele gespielt.

Beispiel 7m:

Stelle sicher, dass du diese Sequenz sowohl den Hals hinab als auch in anderen Tonarten spielen kannst.

Beispiel 7n:

Gm7♭5♭9 C7 Fm7 Gm7♭5♭9 C7 Fm7

```
      13    12    11        9     8     8
      11    11    9         9     8     6
      13    12    10        10    9     8
      11    10    10        8     8     6
```

Gm7♭5♭9 C7 Fm7 Gm7♭5♭9 C7 Fm7

```
      6     6     4         4     3     1
      6     5     4         4     1     1
      6     5     5         3     2     1
      6     5     3         3     2     1
```

Vergiss nicht, dass du auch C9- oder Fm9-Akkorde anstelle der C7- und Fm7-Akkorde spielen kannst.

Beispiel 7o:

Gm7♭5♭9 C9 Fm7

```
      6     6     4
      6     6     4
      6     7     5
      6     5     3
```

Wenn du Kapitel neun gelesen hast, kannst du auch chromatische Änderungen am C7-Akkord vornehmen.

Du kannst auch die Voicings wechseln, so dass du nicht immer den Gitarrenhals auf- oder absteigst. Diese Art von Übung gibt dir mehr Kontrolle über die Melodie, die die höchste Note jedes Voicings erzeugt.

Beispiel 7p:

Gm7♭5♭9 C9 Fm7

```
      6     6     8
      6     6     6
      6     7     8
      6     5     6
```

Kapitel Acht: Hinzufügen weiterer diatonischer Erweiterungen

In **Gitarrenakkorde im Kontext** wurden die verfügbaren Erweiterungen der einzelnen Akkordtypen ausführlich diskutiert. Eine schnelle Möglichkeit, eine diatonische Erweiterung zu einem Drop-2-Akkord hinzuzufügen, ist das Erhöhen oder Erniedrigen der Quinte.

Um einen 11. (Undezim) Akkord zu erzeugen, können wir die Quinte um einen Ton erniedrigen und um einen 13. (Tredezim) zu erschaffen, können wir sie um einen Ton erhöhen. Nicht jedes Voicing jedes Akkordtyps ermöglicht ein leichtes Greifen bei der Anwendung dieser Technik, aber in Kombination mit Substitutionsideen kann diese Art der diatonischen Erweiterung eines Sept-Akkords sehr lohnend sein.

Studiere das folgende Voicing eines Dm7-Akkords. Das Intervall jeder Note wird angezeigt.

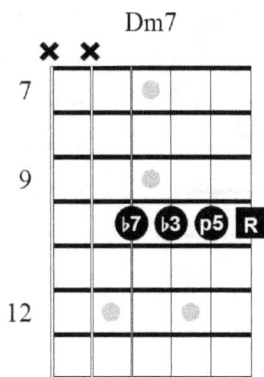

Wie du sehen kannst, befindet sich die Quinte des Dm7-Akkords (A) auf der zweiten Saite. Wenn ich einen m11-Akkord erstellen möchte, kann ich die Quinte einfach um einen Ton erniedrigen. Um einen m13-Akkord zu erstellen, kann ich sie um einen Ton erhöhen. Du wirst dich vielleicht daran erinnern, dass es üblich ist, die unteren Erweiterungen eines erweiterten Akkords aufzunehmen. Zum Beispiel ist es durchaus üblich, eine 9. in einen 13. Akkord aufzunehmen. Diese Ideen werden hier gezeigt.

Beispiel 8a:

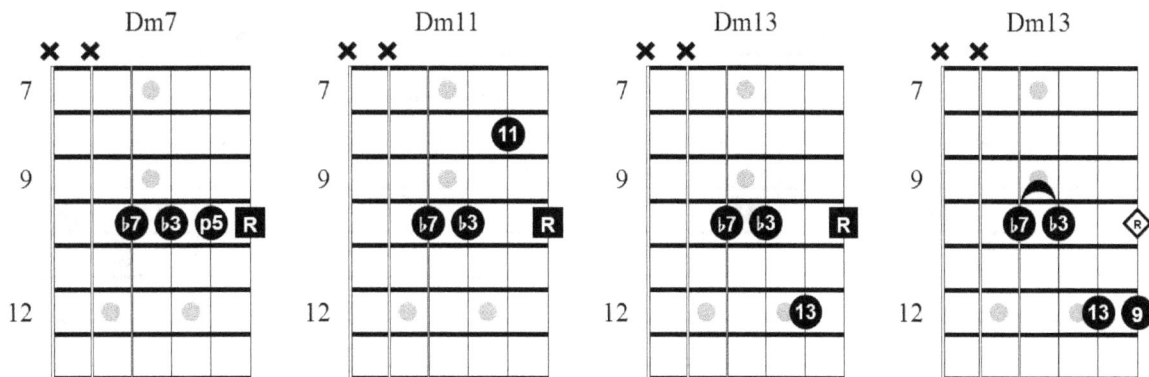

Experimentiere mit diesen Akkord-Voicings mit Backing Track neun, einem Dm7-Vamp. Versuche, die Wirkung zu hören und zu spüren, die das Hinzufügen von 9., 11. und 13. auf die Textur der Harmonie haben kann.

Leider gibt es in diesem Buch nicht genügend Platz, um alle möglichen Möglichkeiten zur Erweiterung jeder Art von Sept-Akkorden, der bisher behandelt wurde, zu beschreiben. Hier sind jedoch alle vier Voicings jedes Akkords mit ihren Intervallen dargestellt. Wenn du die bisher beschriebenen Konzepte befolgst, ist es einfach, jede Art von Akkorderweiterung zu erstellen, indem du nur ein oder zwei Noten änderst.

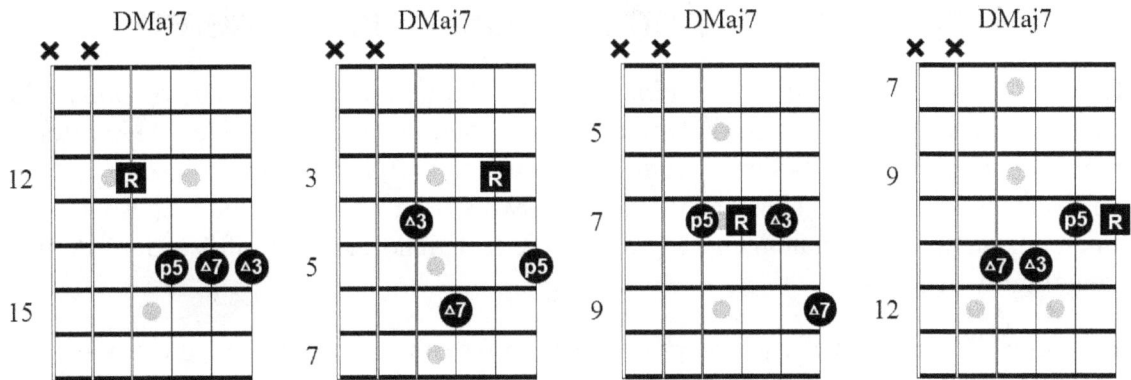

DMaj7 **DMaj7** **DMaj7** **DMaj7**

Denke daran, dass nicht jedes Akkord-Voicing leicht zu greifen ist. Oftmals kann das Anheben der Quinte eines Akkords das Voicing zu einer sehr großen Dehnung oder sogar einfach unspielbar machen. Mein Rat ist, nur mit den einfachsten Voicings zu arbeiten, da es viele andere Möglichkeiten gibt, erweiterte Akkordtöne durch die Verwendung von Substitutionen zu erzeugen.

Beachte, dass es ungewöhnlich ist, einem Maj7-Akkord eine 11. hinzuzufügen, da es zu einem Zusammenstoß zwischen der 3. und der 11. kommt.

Kapitel Neun: Dominantakkorde alterieren

Alterierte Dominantakkorde entstehen, wenn einem ‚7er'-Akkord eine *chromatische Spannung* hinzugefügt wird. Spannungen werden hinzugefügt, indem entweder einer oder mehrere der Akkordtöne in einem dominanten Akkord alteriert werden oder durch die Verwendung von Substitution. Dieses Kapitel beschäftigt sich mit dem Konzept der Alteration bestehender Drop-2-Strukturen. In der Musik, insbesondere in Jazz und Fusion, können chromatische Spannungen zu praktisch jedem funktionalen (auflösenden) dominanten 7er-Akkord hinzugefügt werden.

Wie du im Buch eins dieser Serie gelernt hast, gibt es nur vier Arten von Spannungen, die zu einem dominanten Akkord hinzugefügt werden können: b5, #5, b9 und #9. Einige dieser Spannungen können als *enharmonisch* bezeichnet werden (sie haben zwei Namen). Ein b5 kann als #11 oder #5 als b13 geschrieben werden. Für unsere Zwecke sind dies die gleichen Intervalle.

Um unser Gedächtnis aufzufrischen, wirf einen Blick darauf, wie dieser dominante 9er-Akkord so verändert werden kann, dass er jede Kombination von Spannungen umfasst, die wir aufnehmen möchten.

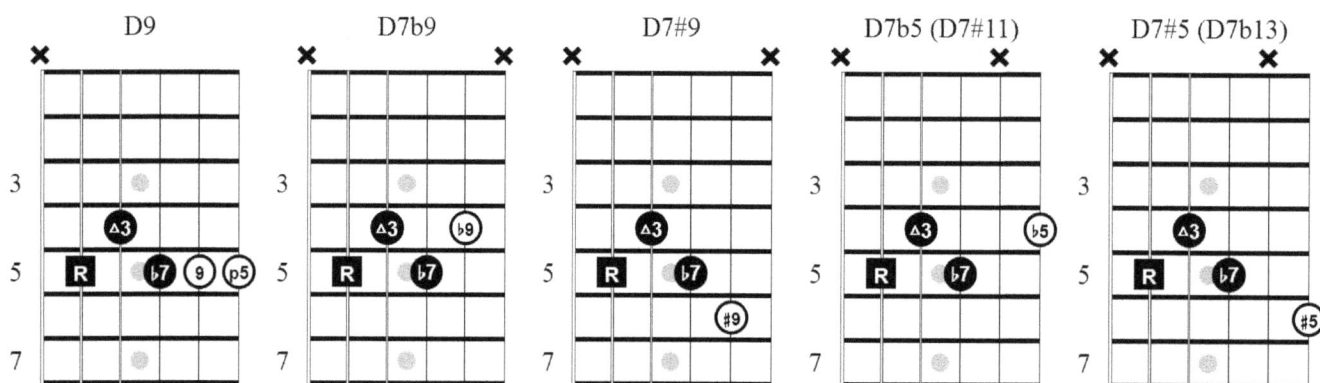

Die Drop-2-'7'-Voicings, die wir bisher untersucht haben, können auf die gleiche Weise behandelt werden.

Wir haben im vorherigen Kapitel gelernt, dass wir einen 9er-Akkord erstellen können, indem wir den Grundton eines 7er-Akkords um einen Ton erhöhen. Dies gibt uns vier Drop-2-Voicings, mit denen wir chromatisch alterierte Akkorde erzeugen können.

Der Schlüssel zum schnellen Alterieren von Akkorden liegt darin, zu verstehen, wo jedes Intervall auf dem Griffbrett liegt.

So sind beispielsweise im folgenden 9-er-Akkord die Intervalle wie folgt angeordnet. Der Grundton in Diamantform wird nur zur Information angezeigt:

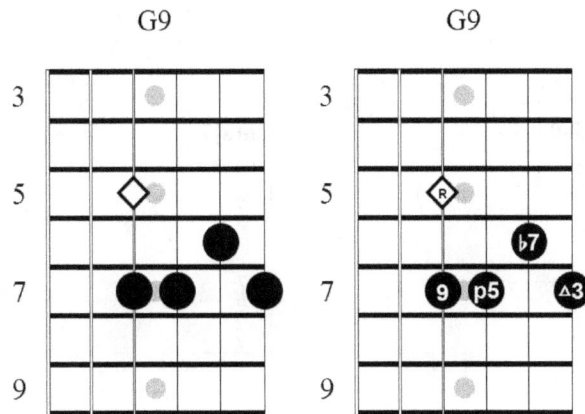

G9   G9

Durch einfaches Auf- und Abbewegen der 5. oder der 9. um einen Halbton können wir jeden grundtonlosen alterierten chromatisch dominanten Akkord erzeugen. Spiele das folgende Beispiel durch, um zu verstehen, wie dies funktioniert.

Beispiel 9a:

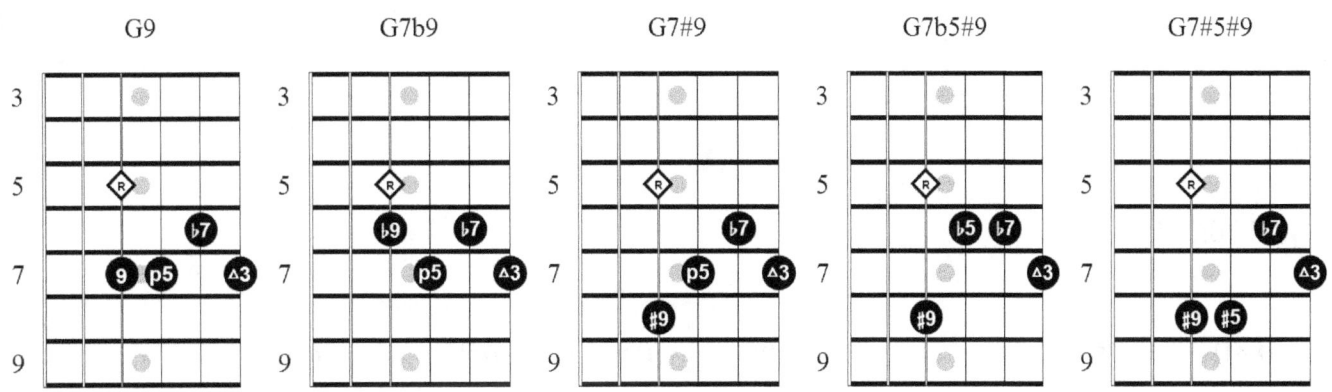

G9   G7b9   G7#9   G7b5#9   G7#5#9

Natürlich ist es viel verlangt, sich all diese Permutationen zu merken, also würde ich empfehlen, dass du nur ein oder zwei Voicings nimmst und mit ihnen im Rahmen einer ii V7 I- oder einer I VI7 ii V7-Progression arbeitest und einige Voicings findest, die dir gefallen und die eine gute Stimmführung bieten. Tu nicht gleich eine Spannung ab, die dir nicht sofort gefällt. Der erfolgreiche Einsatz dieser alterierten Spannungen hängt oft stark vom Kontext und den Akkord-Voicings ab, die ihnen unmittelbar vorausgehen und folgen.

Du könntest deine Untersuchung mit der ii V I-Progression (Dm7 G7 CMaj7) beginnen, da sie nur einen dominanten Akkord enthält.

In der I VI7 ii V7-Progression (CMaj7 A7 Dm7 G7) kannst du alterierte dominante Akkorde sowohl auf den V- als auch auf den VI-Akkorden (A7 und G7) verwenden.

Hier sind ein paar Ideen, um dir den Einstieg zu erleichtern.

Beispiel 9b:

Beispiel 9c:

Beispiel 9d:

Wie du in den Beispielen 9c und 9d sehen kannst, habe ich auch das A7-Voicing chromatisch verändert. Sobald du ein dominantes 7-Voicing aus der Perspektive sehen kannst, wo seine Intervalle auf dem Griffbrett liegen, ist es leicht zu verstehen, wie du Spannung hinzufügen kannst.

Hier sind die vier Dominant-7-Drop-2-Voicings mit den Markierungen der jeweiligen Intervalle und verfügbaren Änderungen.

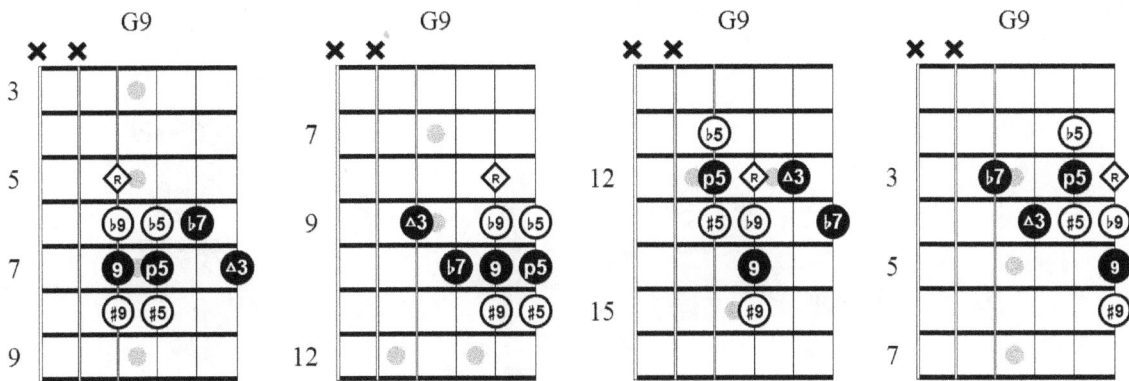

Spiele die Dur ii V I-Progression in jeder Position auf der Gitarre durch und füge ein oder zwei verfügbare chromatische Alterationen zum G7-Akkord hinzu. Nicht jede Alteration wird in jeder Position bequem zu spielen sein, also halte dich an die leicht zu spielenden. Du kannst natürliche und alterierte Spannungen, wie z.B. G9b5, kombinieren oder einfach eine wie G7#5 oder G7#9 verwenden.

Wenn du Selbstvertrauen gewinnst, beginne, auch Akkorde wie CMaj7, CMaj9, Dm7, Dm9, Dm11 und Dm13 aufzunehmen.

Wenn du mit dem Dur ii V I vertraut bist, versuche, den VI-Akkord (A7) wie in Beispiel 9c hinzuzufügen. Du kannst auch mit einer Moll ii V I-Progression experimentieren. In der Tonlage von C wäre dies Dm7b5 - G7 - Cm7.

Du wirst zu hören beginnen, dass bestimmte Spannungen auf dem dominanten Akkord dazu neigen, zu unterschiedlichen Tönen zu führen. Zum Beispiel sucht ein #5 auf dem dominanten Akkord oft nach einer Moll-Auflösung, zum Beispiel G7#5 - Cm7.

Beispiel 9e:

Es ist möglich, lange, interessante Akkordfolgen zusammenzusetzen, die den Gitarrenhals auf- oder absteigen.

Beispiel 9f:

Wenn du Schwierigkeiten hast zu sehen, wie einer dieser alterierten Dominantakkorde entsteht, kehre zu den Diagrammen auf der vorherigen Seite zurück.

Auf der folgenden Seite findest du einige gängigen Akkordfolgen, die du üben kannst. Verwende Drop-2-Akkorde auf den oberen vier Saiten, um diese Progressionen durchzuspielen und diatonische Erweiterungen oder chromatische Alterationen an den Voicings vorzunehmen, wie du es für richtig hältst. Du kannst immer mehr als ein Voicing desselben Akkords in einem Takt spielen. Der Wechsel des Voicings kann uns eine Vielzahl neuer melodischer Möglichkeiten beim Spielen von Rhythmusgitarre eröffnen.

Denken auch daran, dass 11. normalerweise nicht auf Maj7-Akkorde gespielt werden und 13. Akkorde die 9. enthalten oder auch nicht.

Notiere dir deine Lieblings-Voicingsequenzen und nutze sie bei jeder Gelegenheit. Vergiss nicht, in allen gängigen Tonlagen zu üben. Hier sind einige Progressionen, um dir den Einstieg zu erleichtern.

1)

2)

3)

4)

Diese Akkordfolgen stammen aus einigen sehr verbreiteten Jazzstandards. Diese Sequenzen kommen immer wieder vor, wenn du sie spielen kannst, bist du auf den Großteil der Musik vorbereitet, der du begegnen wirst.

Denke daran, eines der nützlichsten Dinge, die du tun kannst, ist es, Akkord-Licks, die durch die Änderungen navigieren, zu erstellen und dir zu merken. Sie werden für dich von unschätzbarem Wert sein, wenn du beginnst, weitere Erweiterungen und chromatische Alterationen an deinen Akkorden hinzuzufügen.

Hier sind einige nützliche Übungsideen:

1) Beginne, indem du jede Akkordfolge genauso spielst, wie sie geschrieben wurde, um sicherzustellen, dass du die grundlegenden Drop-2-Voicings kennst.

2) Spiele die Voicings durch und behalte die Melodienote auf der oberen Saite entweder aufsteigend oder absteigend bei. Es ist nicht *immer* möglich, sich in die gleiche Richtung zu bewegen, aber normalerweise solltest du in der Lage sein, ganz nah heranzukommen.

3) Wähle nur eine Akkordqualität (Maj7, m7, 7 oder m7b5) und spiele sie jedes Mal als 9. Akkord. Wiederhole dies noch dreimal, bis du jede Qualität als 9. gespielt hast. Dann spiele *alle* Akkorde als 9.

4) Wiederhole Schritt zwei mit 9. Akkorden.

5) Wähle eine Akkordqualität und ersetze sie durch eine 11. oder 13. Spiele keine 11. auf Maj7-Akkorden. Wiederhole dies für jede Akkordqualität und spiele dann alle Akkorde mit dieser Qualität.

6) Spiele alle Akkorde wie geschrieben, füge aber zu jedem dominanten Akkord eine chromatische Alteration hinzu. Wiederhole dies mit zwei chromatischen Alterationen. Vergiss nicht, natürliche Erweiterungen mit chromatischen zu kombinieren, z.B. 13b9 oder 9#5. Spiele mit der Melodienote, die den Hals auf- oder absteigt oder sich in einer Position befindet.

7) Spiele alle Akkorde als 9. und füge jedem dominanten Akkord eine oder zwei chromatische Erweiterungen hinzu.

Die vorherige Liste der Übungsschritte ist äußerst effizient, um dir zu helfen, jede Akkordfolge zu meistern. Du wirst nicht nur die Akkorde und die Vielzahl der Möglichkeiten lernen, sondern auch beginnen, den Gitarrenhals zu öffnen und jeden Akkord in seinen Intervallen zu sehen, so dass du schnell Voicings ändern und mit Akkordtexturen improvisieren kannst.

Wir werden immer wieder auf diese Liste zurückkommen, aber im Moment ist es an der Zeit, weiterzumachen und zu schauen, wie man Drop-2-Voicings auf den mittleren und unteren vier Saiten der Gitarre spielt.

Mit den grundlegenden Konzepten, Strukturen und Übungstechniken, die jetzt behandelt werden, wirst du feststellen, dass die Entwicklung deines Akkordwissens auf der Gitarre viel schneller geht, wenn du dich durch dieses Buch arbeitest.

Kapitel Zehn: Drop-2-Akkorde – Mittlere Saiten

Das Letzte, das ein Buch über Akkord-Voicings sein sollte, ist „nur eine Liste von Akkorden". Allerdings ist die Schwierigkeit beim Schreiben dieses Buches, dass die Techniken, die du verwendet hast, um Drop-2-Voicings auf den oberen vier Saiten zu lernen, auch leicht angewendet werden können, um Drop-2-Akkorde in der Mitte und auf den vier Basssaiten zu spielen.

Aus diesem Grund wird dieser Abschnitt sich kürzer als in den vorangegangenen Kapiteln mit Drop-2-Voicings auf den mittleren Saiten befassen. Jedes Akkord-Voicing wird mit einigen ausgewählten Übungen und Tipps versehen, die dir helfen, die Voicings musikalisch zu verinnerlichen und zu nutzen. Jedes Voicing wird sofort mit seinen Intervallen angezeigt, so dass du sofort die Möglichkeiten für Erweiterungen und chromatische Veränderungen erkennen kannst.

Wir beginnen mit dem Betrachten der Drop- 2-Voicings von Fm7 auf den mittleren vier Saiten der Gitarre.

Beispiel 10a:

Es muss gesagt werden, dass die erste Umkehrung des m7-Akkords sehr unangenehm für den Finger sein kann, besonders wenn sie tiefer am Hals liegt. Ich beginne immer damit, den Akkord zu formen, indem ich meinen dritten Finger auf die vierte Saite lege und dann den Rest des Akkords aufbaue. Oftmals werde ich diesen Akkord einfach durch einen AbMaj7 (Fm9) ersetzen.

Um diese Akkordformen zu verinnerlichen, spiele sie vom tiefsten zum höchsten Voicing durch und umgekehrt. Du kannst auch zwischen verschiedenen Voicings des Akkords springen. Versuche, die Akkorde mit einem Walking Bass mit der F-Moll-Bebop-Skala zu verbinden.

Beispiel 10b:

Es ist in Ordnung, bei dem ersten Umkehrungs-Voicing einen AbMaj7-Akkord anstelle des Fm7 zu verwenden, wenn nötig. Du kannst die Verwendung dieser Akkorde frei über dem Backing Track eins üben.

Kombinieren wir nun diese Akkorde mit den Drop-2-Voicings auf den oberen vier Saiten. Übe, dich zwischen benachbarten Voicings jedes Akkords auf die folgende Weise zu bewegen.

Beispiel 10c:

Dominant 7 Drop-2-Akkorde

Dominant 7 Drop-2-Akkorde können in vier Umkehrungen auf folgende Weise gespielt werden:

Beispiel 10d:

C7 Drop 2
Root Position

C7 Drop 2
1st Inversion

C7 Drop 2
2nd Inversion

C7 Drop 2
3rd inversion

Übe, diese Akkorde auf- und absteigend über den zweite Backing Track zu spielen. Überspringe Positionen und arbeite mit einem Metronom, um deine Geschwindigkeit und Präzision zu erhöhen.

Verbinde die Akkorde miteinander mit einer C mixolydischen Bebop Skala Bassline.

Beispiel 10e:

Du kannst auch üben, die Akkorde der oberen vier und mittleren vier Saiten zu verbinden.

Beispiel 10f:

Versuche noch einmal Beispiel 10f, aber diesmal steigst du den Hals hinunter.

Versuche nun, die Akkorde C7 und Fm7 mit Drop-2-Voicings auf den mittleren vier Saiten zu verbinden. Übe diese sowohl aufsteigend als auch absteigend am Hals.

Beispiel 10g:

Übe, von einem C7-Akkord auf den mittleren Saiten zu einem Fm7-Akkord auf den oberen Saiten zu wechseln:

Beispiel 10h:

Denke daran, die vorherige Übung rückwärts zu üben, da I - V auch eine gängige Akkordbewegung ist, mit der du vertraut sein solltest.

Schließlich übe die obige Sequenz noch einmal, aber diesmal beginnst du mit C7, was auf den oberen vier Saiten intoniert wird, und spielst die Fm7-Akkorde auf dem mittleren Saitensatz.

Probiere diese Übungen in den Tonarten C-Moll, Bb-Moll, G-Moll und D-Moll aus.

m7b5 Drop-2-Akkorde

Die vier Umkehrungen des m7b5-Akkords können wie folgt auf den mittleren vier Saiten gespielt werden.

Beispiel 10i:

Beginne wie immer damit, diese Voicings von unten nach oben zu spielen. Ohne Verwendung offener Saiten ist das niedrigste verfügbare Voicing die zweite Umkehrung. Spiele diese Akkorde sowohl auf- als auch absteigend auf dem Gitarrenhals. Verwende ein Metronom, um deine Geschwindigkeit und Genauigkeit beim Spielen dieser Akkorde zu erhöhen. Du kannst auch versuchen, sie musikalisch zu dem vierten Backing Track zu phrasieren, einem Gm7b5-Vamp.

Verbinde jeden Akkord mit einem Walking Bass, der aus den Noten der G lokrischen Bebop-Skala übernommen wurde.

Beispiel 10j:

Arbeite mit dem Backing Track und einem Metronom, um deine Geschwindigkeit und Gewandtheit zu erhöhen.

Als nächstes spielst du den Gm7b5-Akkord, der sich von der Mitte zu den oberen vier Saitengruppen bewegt. Spiele diese Idee aufsteigend und absteigend.

Beispiel 10k:

Verbinden wir nun den Akkord Gm7b5 mit der C7 - Fm7 Progression, die du in Beispiel 10g geübt hast. Beginne mit allen Akkorden, die auf den mittleren vier Saiten gespielt werden.

Beispiel 10l:

Übe diese Progression sowohl auf- als auch absteigend am Hals, bevor du versuchst, die Voicings über die Saitengruppen zu bewegen.

Beispiel 10m:

Natürlich gibt es bei drei Akkorden viele Möglichkeiten, wie man das vorherige Beispiel intonieren kann. Man könnte einen Akkord auf den mittleren zwei Saiten und zwei auf den oberen vier Saiten spielen. Man könnte zwei Akkorde auf den oberen Saiten und einen auf den mittleren vier Saiten spielen.

Du könntest auch die ersten beiden Akkorde in einer Position spielen und dann den Hals hinauf in eine neue Position auf Fm7 steigen lassen. Sieh einmal, wie viele Möglichkeiten du finden kannst, um durch diese Änderungen zu navigieren, während du zwischen Saitengruppen wechselst. Diese Art der Erkundung ist der beste Weg, um sich die Akkord-Voicings zu merken und zu sehen, wie sie in einem musikalischen Satz zusammenwirken.

Arbeite mit Backing Track fünf, um diese Akkorde musikalisch oder mit einem Metronom zu phrasieren, damit du deine Geschwindigkeit und Genauigkeit erhöhen kannst.

Maj7 Drop-2-Akkorde

Die vier Umkehrungen des DbMaj7-Akkords sind wie folgt.

Beispiel 10n:

Die erste Voicing-Umkehrung ist wieder einmal eine knifflige Form zu greifen. Halte deinen Daumen sehr tief auf dem Gitarrenhals, um die große Dehnung zu bewältigen. Wenn du Probleme hast, kannst du ihn durch einen Fm7-Akkord ersetzen (erstellen eines DbMaj9-Sounds wie in Kapitel sieben beschrieben).

Übe, diese Voicings auf- und absteigend zu spielen, bevor du sie mit einem Walking Bass in der Db-Dur-Skala verbindest.

Beispiel 10o:

Du kannst diese Voicings mit Backing Track sechs, einem statischen DbMaj7-Vamp, üben.

Verbinde nun die Drop-2-Voicings mit dem mittleren und oberen Saitensatz. Spiele dieses Beispiel auf dem Gitarrenhals auf- und absteigend.

Beispiel 10p:

Schließlich können wir die DbMaj7-Voicings in die Akkordfolge aufnehmen, mit der wir gearbeitet haben. DbMaj7 ist Akkord bvi in einer Moll ii V I bvi-Progression.

Beginne, indem du die Akkordfolge „in Position" auf den mittleren vier Saiten spielst.

Beispiel 10q:

Der nächste Schritt besteht darin, auf einen freien Wechsel zwischen den mittleren vier und oberen vier Saiten-Voicings hinzuarbeiten, während du diese Progression durchspielst. Mit vier Akkorden in der Sequenz gibt es praktisch unbegrenzte Möglichkeiten, die Voicings anzuordnen, aber du solltest den Wechsel zwischen Saitengruppen priorisieren, die sowohl bei der mittleren als auch bei der oberen Saitengruppe beginnen.

Beispiel 10r:

Beispiel 10s:

Denke daran, dass du an jeder Stelle der Progression zum nächsten Akkord aufsteigen *oder* absteigen kannst, um eine Menge an Möglichkeiten zu haben, diese Progression nur auf diesen beiden Saitengruppen zu navigieren. Lasse deine Ohren beurteilen, wie du diese Sequenz am effektivsten durchspielen kannst. Verwende den Backing Track 7, um diese Sequenz zu beherrschen, jeder Akkord wird für einen Takt gespielt.

Denke daran, dass dies nur eine Übung ist, die dir hilft, sich diese Voicings zu merken und fließend zu spielen. Spiele die Beispiele auf Seite 52 durch, um zu erfahren, wie diese Akkorde in der realen Welt funktionieren können.

Gehe dann zu der Übung 6a auf Seite 32, wo wir vier verschiedene Ausgangspunkte gefunden haben, von denen aus wir die harmonisierte Skala von Db-Dur aufsteigen konnten. Zum Beispiel ist die tiefste Note in der Skala von Db-Dur, mit der wir einen Akkord auf der B-Saite intonieren können, die Note Db (ohne Verwendung offener Saiten).

Tonleiterstufe	I Maj7	iim7	iiim7	IVMaj7	V7	vim7	viim7b5
Beispiel in Db-Dur	DbMaj7	Ebm7	Fm7	GbMaj7	Ab7	Bbm7	Cm7b5

Behalte den Grundton jedes Akkords in der Skala auf der B-Saite und spiele durch die harmonisierte Db-Dur-Skala.

Beispiel 10t:

Als nächstes finde die Note auf der dritten Saite, mit der du einen Akkord ohne offene Saiten intonieren kannst (Ab). Beginne mit Ab7 und steige die harmonisierte Db-Dur-Skala auf, wobei du den Grundton jedes Akkords auf der dritten Saite behältst.

Beispiel 10u:

Die niedrigste verfügbare Note auf der vierten Saite ist F (Eb ist verfügbar, aber das Akkord-Voicing von Ebm7 verwendet offene Saiten). Beginne mit Fm7 und steige die harmonisierte Skala auf, wobei du jeden Grundton auf der vierten Saite behältst.

Beispiel 10v:

Schließlich ist die niedrigste Note, die für die fünfte Saite verfügbar ist, Bb. Beginne mit Bbm7 und steige in Db-Dur auf.

Beispiel 10w:

Kapitel Elf: Erweiterungen und Alterationen

Da alle konzeptionellen Informationen über das Hinzufügen von diatonischen Erweiterungen und chromatischen Alterationen in den Kapiteln sieben bis neun gegeben sind, werde ich in diesem Kapitel nur die Akkordformen für natürliche 9. Erweiterungen und die chromatischen Alterationen behandeln, die es bei Dominat 9 Akkorden gibt. Arbeite die Kapitel sieben bis neun noch einmal durch, aber diesmal ersetzt du die Akkord-Voicing-Diagramme durch die in diesem Abschnitt.

Fm9-Voicings

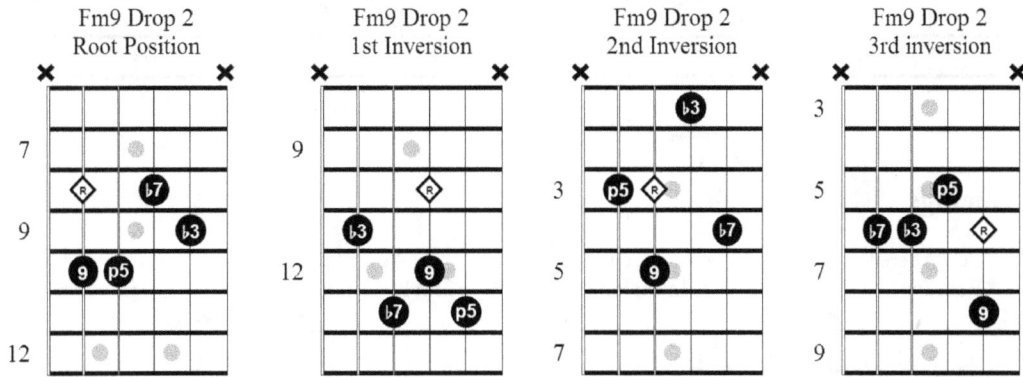

Fm9 Drop 2 Root Position — Fm9 Drop 2 1st Inversion — Fm9 Drop 2 2nd Inversion — Fm9 Drop 2 3rd inversion

C9-Voicings

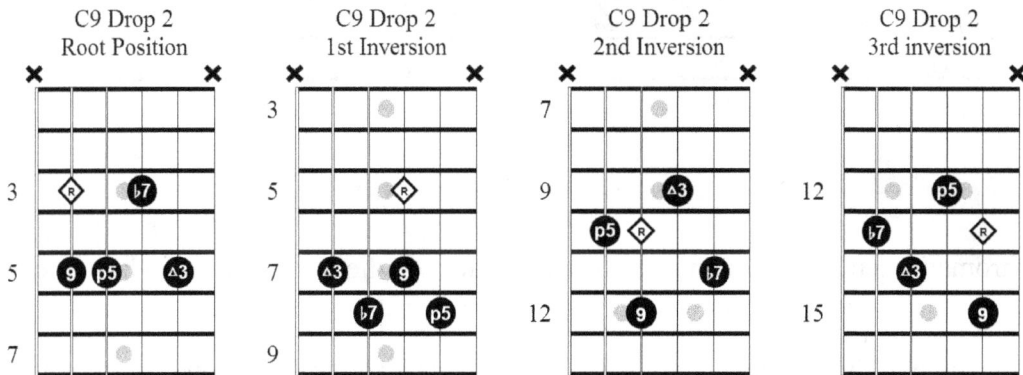

C9 Drop 2 Root Position — C9 Drop 2 1st Inversion — C9 Drop 2 2nd Inversion — C9 Drop 2 3rd inversion

Gm7b5-Voicings

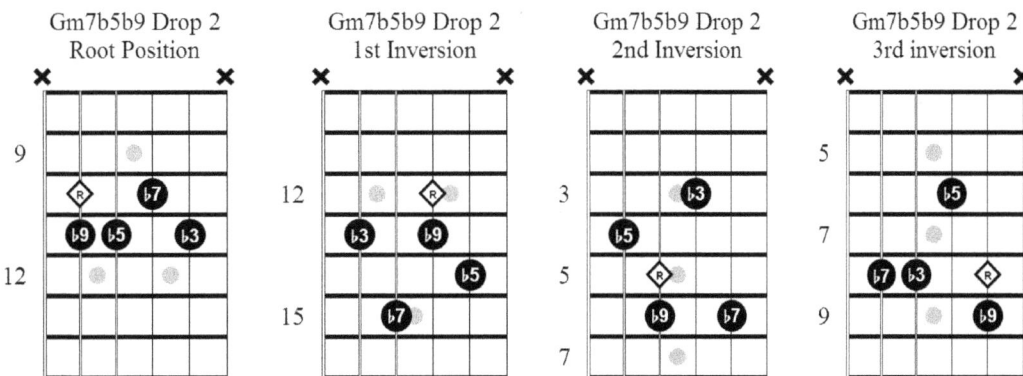

Gm7b5b9 Drop 2 Root Position — Gm7b5b9 Drop 2 1st Inversion — Gm7b5b9 Drop 2 2nd Inversion — Gm7b5b9 Drop 2 3rd inversion

DbMaj9-Voicings

DbMaj9 Drop 2 Root Position	DbMaj9 Drop 2 1st Inversion	DbMaj9 Drop 2 2nd Inversion	DbMaj9 Drop 2 3rd inversion

C7-Alterierte Voicings

C7 Altered Root Position	C7 Altered 1st Inversion	C7 Altered 2nd Inversion	C7 Altered 3rd inversion

Integriere die chromatischen Alterationen in dein Spiel, indem du die in Kapitel neun beschriebenen Übungen verwendest.

Denke daran, jeweils nur eine chromatische Alteration in einen dominanten Akkord aufzunehmen und dass nicht jede chromatische Alteration in jedem Voicing leicht verfügbar ist. Wenn eine Akkordform zu schwierig ist, spiel etwas anderes.

Kapitel Zwölf: Drop-2-Akkorde – Bass-Saiten

Die folgenden beiden Kapitel enthalten 7er-Akkord Drop-2-Voicings auf den unteren vier Saiten. Diese Akkorde können nützlich sein, da sie einen besonders resonanten Charakter haben, obwohl sie oft etwas „basslastig" und ungeeignet für den Einsatz in einem Ensemble sein können.

Ich würde sagen, dass die Voicings in diesem Kapitel keine unmittelbare Priorität für das Studium haben, da es üblicher ist, Drop-3-Voicings auf den unteren Saiten zu verwenden, besonders wenn man die Voicings der Grundposition verwendet.

Behandle dies zunächst als ein Kapitel als „Referenz" und komme darauf zurück, wenn du die Drop-3-Voicings erfolgreich als Teil deines normalen Spiels verwendest.

Fm7-Voicings

Beispiel 12a:

Mit einem Walking Bass.

Beispiel 12b:

C7-Voicings

Beispiel 12c:

Mit einem Walking Bass.

Beispiel 12d:

Gm7b5-Voicings

Beispiel 12e:

Mit einem Walking Bass.

Beispiel 12f:

DbMaj7-Voicings

Beispiel 12g:

DbMaj7 Drop 2
Root Position

DbMaj7 Drop 2
1st Inversion

DbMaj7 Drop 2
2nd inversion

DbMaj7 Drop 2
3rd Inversion

Mit einem Walking Bass.

Beispiel 12h:

Erweiterungen und Alterationen

Die folgenden Voicings zeigen die Drop-2-Akkorde auf den unteren Saiten, die um die diatonischen 9. und die verfügbaren chromatischen Erweiterungen auf dominanten Akkorden erweitert wurden.

Fm9-Voicings

Beispiel 12i:

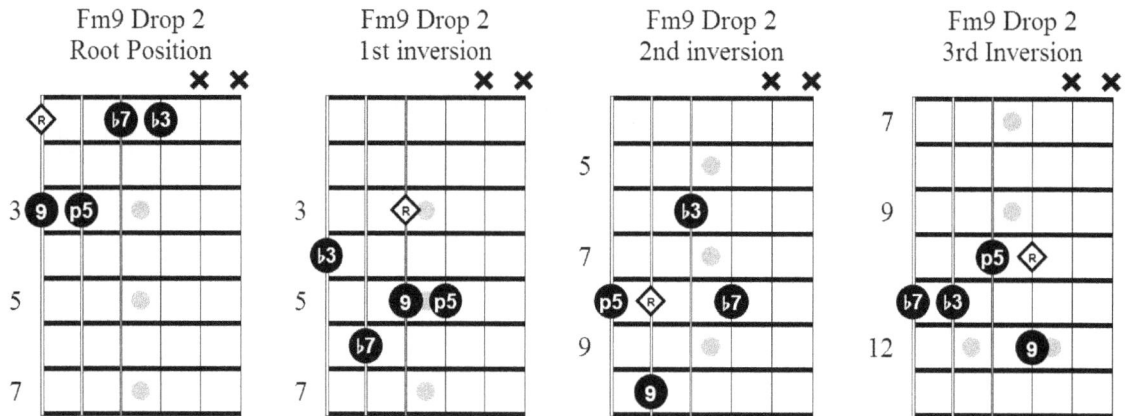

Fm9 Drop 2 Root Position · Fm9 Drop 2 1st inversion · Fm9 Drop 2 2nd inversion · Fm9 Drop 2 3rd Inversion

C9-Voicings

Beispiel 12j:

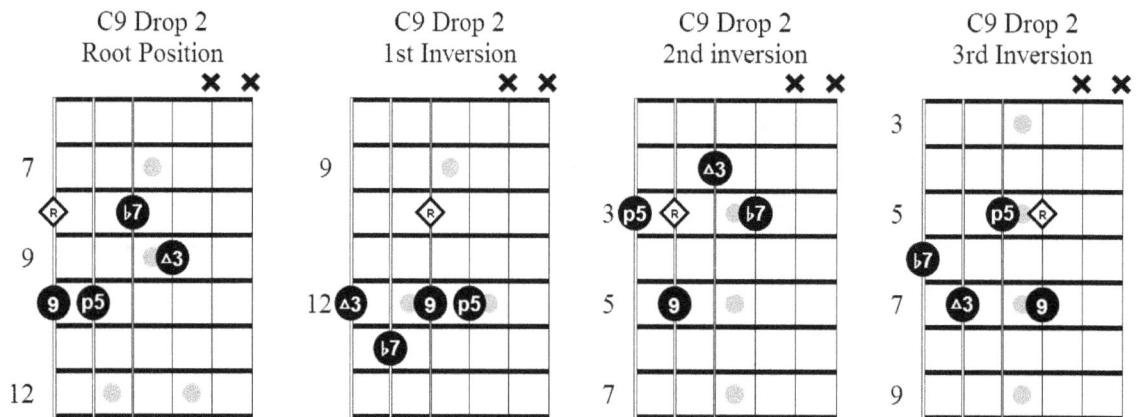

C9 Drop 2 Root Position · C9 Drop 2 1st Inversion · C9 Drop 2 2nd inversion · C9 Drop 2 3rd Inversion

Gm7b5b9-Voicings

Beispiel 12k:

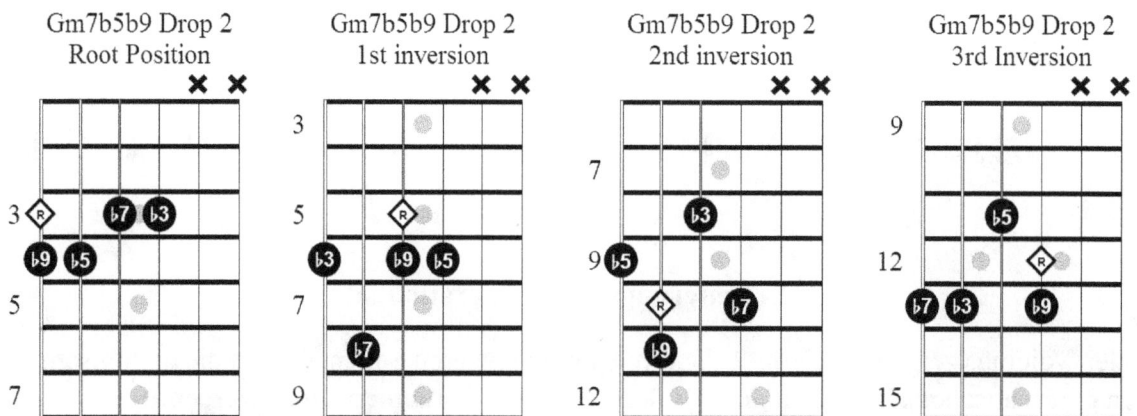

Gm7b5b9 Drop 2 Root Position · Gm7b5b9 Drop 2 1st inversion · Gm7b5b9 Drop 2 2nd inversion · Gm7b5b9 Drop 2 3rd Inversion

DbMaj9-Voicings

Beispiel 12l:

DbMaj7 Drop 2
Root Position

DbMaj7 Drop 2
1st Inversion

DbMaj7 Drop 2
2nd inversion

DbMaj7 Drop 2
3rd Inversion

C7-Alterierte Voicings

C7 Altered
Root Position

C7 Altered
1st Inversion

C7 Altered
2nd inversion

C7 Altered
3rd Inversion

Kapitel Dreizehn: Drop-3-Voicings – Grundton auf der sechsten Saite

Drop-3-Akkorde gehören normalerweise zu den ersten Akkorden, die die meisten Jazzgitarristen lernen. Sie sind am häufigsten mit ihrer Bassnote auf der untersten (sechsten) Saite intoniert und sind leicht an ihrem charakteristischen Saitenwechsel zwischen Bass und Mittelstimme zu erkennen.

Wie in Kapitel 1 beschrieben, wird ein Drop-3-Voicing gebildet, indem die dritthöchste Note in einem Close-Position-Akkord eine Oktave nach unten versetzt wird. Beachte, dass es eine ungespielte (vierte) Saite zwischen der Bassnote und dem Rest des Akkords gibt.

Einer der Vorteile der Verwendung von Drop-3-Voicings ist, dass eine erkennbare Lücke zwischen der Bassnote und der *Oberstruktur* des Akkords besteht. Diese Lücke ermöglicht es uns, Gitarrenparts mit tiefen Basslinien und Mittelton-Akkordstrukturen zu erstellen, die einen harmonischen „Handlungsspielraum" lassen, damit eine Melodie über dem Gitarrenpart gespielt werden kann.

Der beste Weg, um Drop-3-Akkorde zu meistern, ist, sie mit einer *Akkordqualität* nach der anderen zu lernen. Die meisten Leute finden diese Akkorde einfacher zu intonieren, wenn die Bassnote auf der sechsten Saite ist, also werden wir damit beginnen.

Die vier Drop-3-Voicings von Fm7 werden wie folgt gegriffen.

Beispiel 13a:

Fm7   (1st inversion)   (2nd inversion)   (3rd inversion)

```
T --1--------------4-----------------6------------------9-----
A --1--------------5-----------------8-----------------10-----
B --1--------------3-----------------6-----------------10-----
   --1--------------4-----------------8-----------------11-----
```

Die dritte Umkehrung des m7-Akkords kann anfangs etwas schwierig für den Finger sein.

Eine sehr nützliche Sache zu beachten ist, dass, wenn du die Bassnote auf der unteren Saite anhebst und auf der oberen Saite platzierst, du einen Drop-2-Akkord erstellst. Dies ist *sehr* praktisch, wenn es darum geht, die Akkorde zu speichern und abzurufen. Vergleiche z.B. die folgenden beiden Akkorde.

Fm7 Drop 3
1st Inversion

Fm7 Drop 2
Root Position

und

Man sieht leicht, dass sich der b3 vom Bass zur oberen Saite bewegt hat. Dieses Muster gilt für *jeden* Drop-3-Akkord, also wenn du dich schwertust, dich an ein Voicing zu erinnern, spiele einfach einen Drop-2-Akkord und bringe die höchste Note auf die untere Saite.

Denke an die Schritte, die wir unternommen haben, um uns diese Akkorde zu merken: Steige durch die Voicings von unten nach oben, wie oben gezeigt, und dann durch die Voicings von oben nach unten.

Beispiel 13b:

Fm7

```
T ---9--------------6-----------------4------------------1-----
A --10--------------8-----------------5------------------1-----
B --10--------------6-----------------3------------------1-----
   --11--------------8-----------------4------------------1-----
```

Bewege dich zwischen Akkordpaaren, wobei du das Griffbrett allmählich auf- oder absteigst.

Beispiel 13c:

Überspringe Akkorde und spiele alterierte Voicings, die den Hals auf- und absteigen.

Beispiel 13d:

Jamme zusammen mit dem ersten Backing Track, einem statischen Fm7-Groove.

Verbinde die Akkorde mit einem Walking Bass.

Beispiel 13e:

Du wirst vielleicht feststellen, dass es vorteilhaft ist, nur an Takt drei des vorherigen Beispiels zu arbeiten, wenn du die Griffweise der dritten Umkehrung des m7-Akkords lernst.

Eine Übung, die wir dem Mix hinzufügen können, ist es, sich zwischen den Voicings der Drop-3- und Drop-2-Akkorde zu bewegen, die in jeder Position des Halses verfügbar sind. Beachte, wie ich den Hals aufsteige, indem ich eine Position auf den oberen vier Saiten nach oben gehe.

Stelle sicher, dass du diese Übung auf die anderen drei in diesem Kapitel beschriebenen Akkordtypen anwendest. Es ist eine schöne Übung, um alles, was wir bisher abgedeckt haben, miteinander zu verbinden.

Beispiel 13f:

Als nächstes versuche, die die vier Voicings durch den Zirkel der Quinten- und den Zirkel der Quartenfolgen in Kapitel achtzehn vorzunehmen, die dir dabei helfen, das Griffbrett zu beherrschen. Das Spielen in allen Tonarten mit jedem der Voicings ist ein wichtiger Schritt, um das Greifen jeder Akkordfolge zu verinnerlichen und das Griffbrett zu beherrschen. Vergiss nicht, in jeder Position des Halses zu spielen. Diese Art von Übung ist zunächst schwierig, wird aber bald deinem Spiel sehr zugute kommen.

Betrachten wir nun die Drop-3-Voicings des C7-Akkords, die von der unteren Saite gespielt werden.

Beispiel 13g:

Wiederhole die Schritte, die du mit Fm7 unternommen hast, um die C7 Drop-3-Formen zu lernen. Der Verlauf ist hier mit einem Walking Bass dargestellt.

Beispiel 13h:

Spiele jede der vier Dominant 7 Akkord-Voicings durch die Zirkel-Übungen in Kapitel achtzehn. Versuche, die C7- und Fm7-Akkorde in jeder Position am Hals miteinander zu verbinden.

Beispiel 13i:

Eine weitere Idee, die du versuchen könntest, ist, zwei Voicings von jedem Akkord pro Takt zu spielen, bevor du zum nächstmöglichen Voicing des folgenden Akkords wechselst:

Beispiel 13j:

Sobald du mit den Drop-3-Voicings der Dominant 7 an Selbstvertrauen gewinnst, beginne, die folgenden m7b5-Voicings zu lernen.

Beispiel 13k:

Wiederhole wie immer die vorherigen Schritte, damit du diese Akkord-Voicings lernen, dir merken und in dein Spiel integrieren kannst.

Die vier Voicings des Gm7b5-Akkords können auf folgende Weise mit einem Walking Bass verbunden werden.

Beispiel 13l:

Spiele jede der vier m7b5-Akkord-Voicings um die Zirkel-Übungen in Kapitel achtzehn.

Integriere nun die Gm7b5-Voicings in eine vollständige Moll ii V i-Progression in der Tonart F. Spiele das folgende Beispiel zunächst frei, um dir Zeit zum Nachdenken über die Akkorde zu geben, bevor du ein Metronom verwendest, um dich zum Spielen im Takt zu zwingen. Mache dir zunächst keine Sorgen um Fehler, bleibe einfach im Rhythmus.

Beispiel 13m:

Übe die im vorherigen Beispiel gezeigten Ideen, verbringe aber auch Zeit damit, ii V i-Sequenzen zu erforschen, die dazu führen, dass die Melodie (Ober-)Note jedes Voicings bei jedem Akkordwechsel steigt oder fällt, während du den Hals hochsteigst. Diese melodische Idee wurde erstmals in Beispiel 4i gezeigt und kann auf jede beliebige Akkordfolge angewendet werden.

Verwende die Zirkel-Akkordfolgen aus Kapitel achtzehn, um diese Moll ii V i-Sequenz zu üben. Verwende jeden Akkord im Zirkel als neue Grundtonart, wenn also der Akkord im Zirkel „C" vorgibt, spielst du ein Moll ii V i *in* der Tonart von C (Dm7b5 - G7 - Cm7). Diese Art von Übungen sind geistig anspruchsvoll, also fange mit ein oder zwei Tonartzentren pro Tag an, bevor du nach ein oder zwei Wochen die volle Sequenz spielst.

Schließlich werden wir die Drop-3-Voicings des Major-7-Akkords mit den Bassnoten auf der unteren Saite studieren.

Beispiel 13n:

DbMaj7 Drop 3 Root Position | DbMaj7 Drop 3 1st Inversion | DbMaj7 Drop 3 2nd inversion | DbMaj7 Drop 3 3rd Inversion

Mit einem Walking Bass können die DbMaj7-Umkehrungen wie folgt gespielt werden.

Beispiel 13o:

Gehe die gleichen Schritte durch, um die Maj7-Voicings zu lernen, wie du es bei den vorherigen Voicings getan hast. Vergiss nicht, die Zirkel-Übungen in Kapitel achtzehn mit allen vier Umkehrungen durchzuführen.

Abschließend fügen wir den DbMaj7-Akkord in die Moll ii V i-Progression ein, um eine ii V i bvi-Progression zu erstellen. Spiele die folgenden Akkorde langsam und frei durch, damit du lernen kannst, diese Formen zu beherrschen, bevor du ein Metronom verwendest, um sie zu beschleunigen.

Beispiel 13p:

Du kannst diese Akkord-Voicings mit Backing Track sieben üben. Versuche, mit Rhythmus und Phrasierung zu experimentieren. Übe, die Melodienote entweder auf- oder absteigend oder durch mehr als eine Umkehrung jedes Akkords in einem Takt zu halten. Mach langsam! Diese Voicings sind im Jazz-Gitarrenspiel sehr verbreitet, und es ist wichtig, dass man sie kennt.

Nachdem wir nun die vier häufigsten Sept-Akkordformen abgedeckt haben, kannst du das Auf- und Absteigen der harmonisierten Dur-Tonleiter üben, wie du es in früheren Beispielen getan hast. Finde die niedrigstmöglichen Akkord-Voicings mit Grundton auf der sechsten, vierten, dritten und zweiten Saite und steige dann den Hals auf, ähnlich wie bei Beispiel 6a. Beginne mit der harmonisierten Db-Dur-Skala.

Tonleiterstufe	I Maj7	iim7	iiim7	IVMaj7	V7	vim7	viim7b5
Beispiel in Db-Dur	DbMaj7	Ebm7	Fm7	GbMaj7	Ab7	Bbm7	Cm7b5

Beispiel 13q: (Grundton auf zweiter Saite – zweite Umkehrung-Voicings)

Beispiel 13r: (Grundton auf dritter Saite, dritte Umkehrung-Voicings)

Ab7	Bbm7	Cm7b5	Dbmaj7	Ebm7	Fm7	Gbmaj7	Ab7

```
T  1    2    4    6    7    9    11   13
A  1    3    5    6    8    10   11   13
B  1    3    4    6    8    10   11   13
   2    4    6    8    9    11   13   14
```

Beispiel 13s: (Grundton auf der vierten Saite, erste Umkehrung-Voicings)

Ebm7	Fm7	Gbmaj7	Ab7	Bbm7	Cm7b5	Dbmaj7	Ebm7

```
T  2    4    6    7    9    11   13   14
A  3    5    6    8    10   11   13   15
B  1    3    4    6    8    10   11   13
   2    4    6    8    9    11   13   14
```

Beispiel 13t: (Grundton auf der sechsten Saite, Grundtonposition Voicings)

Fm7	Gbmaj7	Ab7	Bbm7	Cm7b5	Dbmaj7	Ebm7	Fm7

```
T  1    2    4    6    7    9    11   13
A  1    3    5    6    8    10   11   13
B  1    3    4    6    8    10   11   13
   1    2    4    6    8    9    11   13
```

Du solltest auch an anderen geläufigen Jazz-Akkordfolgen arbeiten, wie z.B. den Dur ii V I- und den Dur I VI ii V-Progressionen in allen gängigen Tonarten. Finde deine bevorzugten Wege, um durch diese Änderungen zu navigieren und dir diese Voicing-Sequenzen als „Akkord-Licks" zu merken. Du solltest auch mit den Akkorddiagrammen auf Seite 52 und den Zirkel-Übungen in Kapitel achtzehn üben.

Selbst mit nur wenigen verschiedenen Wegen, durch die Akkordwechsel zu navigieren, wirst du, wenn du diese mit deinen früheren Drop-2-Sequenzen kombinierst, viele interessante Möglichkeiten finden, deine Akkorde zu intonieren. Während deine Fähigkeiten besser werden, wirst du es einfacher finden, kreative Rhythmusparts zu improvisieren, während du durch Akkordcharts spielst.

Hier schließlich die alterierten dominanten Akkordpermutationen für Drop-3-Akkorde.

C7 Altered
Root Position

C7 Altered
1st Inversion

C7 Altered
2nd inversion

C7 Altered
3rd Inversion

Kapitel Vierzehn: Drop-3-Akkorde – Grundton auf der fünften Saite

Genau wie bei Drop-2-Akkorden auf der Basssaite, glaube ich nicht, dass das Erlernen der Drop-3-Akkorde mit Grundton auf der fünften Saite eine hohe Priorität hat. Sie sind wichtig, aber ich würde vorschlagen, damit zu warten, bis du Drop-2-Akkorde auf den oberen und mittleren vier Saiten und alle Drop-3-Umkehrungen mit einem Grundton auf der sechsten Saite gemeistert hast.

Das heißt, ich würde definitiv vorschlagen, dass du zumindest die Voicings der Grundtonposition jedes Akkords in diesem Abschnitt lernst, da sie ziemlich häufig verwendet werden. Es könnte sich lohnen, die Voicings der Grundtonposition zu integrieren und dann mit den anderen vorhin erwähnten „prioritären" Akkordtypen zu arbeiten.

Wenn du mit dem Studium der Akkorde in diesem Abschnitt beginnst, wiederhole die Schritte, die du in Kapitel dreizehn unternommen hast, um sie zu speichern und musikalisch zu kontextualisieren.

Alle gängigen Drop-3-Akkord-Voicings mit Grundton auf der fünften Saite sind unten aufgeführt.

Fm7-Voicings

Beispiel 14a:

Fm7 Drop 3 Root Position | Fm7 Drop 3 1st Inversion | Fm7 Drop 3 2nd Inversion | Fm7 Drop 3 3rd inversion

C7-Voicings

Beispiel 14b:

C7 Drop 3 Root Position | C7 Drop 3 1st Inversion | C7 Drop 3 2nd inversion | C7 Drop 3 3rd Inversion

Gm7b5-Voicings

Beispiel 14c:

Gm7b5 Drop 3 Root Position | Gm7b5 Drop 3 1st Inversion | Gm7b5 Drop 3 2nd inversion | Gm7b5 Drop 3 3rd Inversion

DbMaj7-Voicings

Beispiel 14d:

DbMaj7 Drop 3 Root Position | DbMaj7 Drop 3 1st Inversion | DbMaj7 Drop 3 2nd inversion | DbMaj7 Drop 3 3rd Inversion

C7 Alterierte Voicings

C7 Altered Root Position | C7 Altered 1st Inversion | C7 Altered 2nd inversion | C7 Altered 3rd Inversion

Beginne, die obigen Akkorde in dein Spiel zu integrieren, so wie du gelernt hast, mit den Akkordtypen umzugehen, die zuvor im Buch beschrieben wurden.

Zusätzlich zu den bereits gegebenen Methoden ist eine sehr nützliche Übung, Drop-3-Akkorde zu verknüpfen, die sich auf angrenzende Saitengruppen beziehen. Du könntest beispielsweise die Fm7-Voicings wie folgt verknüpfen.

Beispiel 14e:

Versuche dies mit allen anderen Drop-3-Akkordtypen und kombiniere dann die Voicings der sechsten und fünften Saite zu gemeinsamen Progressionen. Du könntest zum Beispiel die Moll ii V i vi wie folgt spielen:

Beispiel 14f:

Es gibt viele Möglichkeiten, Drop-3-Akkorde über Saitengruppen hinweg auf diese Weise zu kombinieren. Denke daran, dass du üben könntest, die Melodienote auf- oder absteigend zu halten, oder übe einfach, in einer Position zu bleiben.

Wenn du Akkordfolgen mit Drop-3-Voicings übst, denke daran, chromatische Spannungen in dominante Akkorde zu integrieren, sobald du mit den grundlegenden Umkehrungen vertraut bist. Nicht jede Spannung wird in jeder Position verfügbar oder leicht zu spielen sein, also konzentriere dich darauf, die Spannungen hinzuzufügen, die bequem und leicht erreichbar sind. Es ist selten, einem Drop-3-Voicing eine chromatische Spannung als Bassnote hinzuzufügen, so dass in den Diagrammen oben auch chromatische Spannungsnoten auf der ersten Saite dargestellt werden.

Denke daran, dass du diese Akkorde oft in einer Bandumgebung spielen wirst und wenn du eine Spannung im Bassregister hinzufügst, wirst du mit dem Bassisten kollidieren. Wenn du unbegleitet spielst, klingt eine zusätzliche Spannung im Bassbereich oft einfach nach einer falschen Note.

Drop-3-Akkorde sind nützlich, wenn du Sänger in einem Duo-Setting begleitest, da sie eine tiefe Bassnote und eine Mittelton-Akkordstruktur enthalten, aber in größeren Ensemble-Settings können sie sich manchmal anderen Instrumenten (wie dem Bass) in den Weg stellen, wenn die Voicings in einem tiefen Register gespielt werden.

Die Verbindung von Drop-3-Akkorden über die sechste und fünfte Saite mit einem Walking Bass ist ein ausgezeichnetes Übungsziel. Allzu oft hört man Gitarristen, die vier Takte des gleichen Akkords in einer kleinen Bandumgebung spielen. Selbst wenn wir nur Drop-3-Voicings verwenden, haben wir jetzt acht verschiedene Möglichkeiten, den gleichen Akkord zu spielen. Das fließende Bewegen zwischen ihnen wird deinem Rhythmusgitarren-Comping Leben und Interesse verleihen.

Kapitel Fünfzehn: Drop-2- und 4- Voicings – Sechste Saite

Die Drop-2- und 4-Akkord-Voicings sind sicherlich weniger verbreitet als die anderen bisher in diesem Buch behandelten Voicings, aber sie haben einen ziemlich ausgeprägten Klang, und wieder einmal können wir mit ihnen ein Voicing spielen, das aus einer Bassnote und einer Mittelton-Akkordstruktur besteht.

Drop-2- und 4-Voicings werden gebildet, indem der zweithöchste und der vierthöchste (niedrigste) Ton in einem Close-Position-Akkord um eine Oktave herabgesetzt werden.

Wie du sehen kannst, erzeugen Drop-2- und 4-Voicings weit auseinander liegende Akkorde, die anfangs schwierig zu greifen sein können. Es ist darauf zu achten, dass die nicht verwendeten Saiten gedämpft werden, um keine unerwünschten Noten hinzuzufügen!

Wie bei den Drop-3-Voicings können die Drop-2- und 4-Voicings mit einer Bassnote entweder auf der sechsten oder fünften Saite gespielt werden.

In diesem Kapitel werden Drop-2- und 4-Akkorde mit Voicings auf der sechsten Saite angegeben. Lerne sie auf die gleiche Weise wie du die Drop-3-Voicings gelernt hast.

Die Walking Bass-Beispiele in diesem Kapitel sind besonders schwierig und für Walking Bass werden häufiger Drop-2- und Drop-3-Voicings verwendet. Stelle sicher, dass du die Ideen übst, die dir den größten Nutzen bringen.

Fm7-Voicings

Beispiel 15a:

Beispiel 15b:

C7-Voicings

Beispiel 15c:

| C7 Drop 2 and 4 Root Position | C7 Drop 2 and 4 1st Inversion | C7 Drop 2 and 4 2nd inversion | C7 Drop 2 and 4 3rd Inversion |

Beispiel 15d:

Gm7b5-Voicings

Beispiel 15e:

Gm7b5 Drop 2 and 4 Root Position — Gm7b5 Drop 2 and 4 1st Inversion — Gm7b5 Drop 2 and 4 2nd inversion — Gm7b5 Drop 2 and 4 3rd Inversion

Beispiel 15f:

DbMaj7-Voicings

Beispiel 15g:

DbMaj7 Drop 2 and 4 Root Position — DbMaj7 Drop 2 and 4 1st Inversion — DbMaj7 Drop 2 and 4 2nd inversion — DbMaj7 Drop 2 and 4 3rd Inversion

Beispiel 15h:

Alterierte dominante Voicings

C7 Altered
Root Position

C7 Altered
1st Inversion

C7 Altered
2nd inversion

C7 Altered
3rd Inversion

Kapitel Sechzehn: Drop-2- und 4-Voicings – Fünfte Saite

Drop-2- und 4-Akkorde mit Bassnoten auf der fünften Saite sind in der Regel etwas leichter zu spielen als solche mit Bassnoten auf der sechsten Saite.

Die Beispiele des Walking Bass in diesem Kapitel sind besonders schwierig und Walking Basslinien werden häufiger mit Drop-2- und Drop-3-Voicings verwendet. Stelle sicher, dass du die Ideen praktizierst, die dir den größten Nutzen bringen.

Fm7-Voicings

Beispiel 16a:

Beispiel 16b:

C7-Voicings

Beispiel 16c:

C7 Drop 2 and 4 Root Position | C7 Drop 2 and 4 1st Inversion | C7 Drop 2 and 4 2nd inversion | C7 Drop 2 and 4 3rd Inversion

Beispiel 16d:

Gm7b5-Voicings

Beispiel 16e:

Gm7b5 Drop 2 and 4 Root Position | Gm7b5 Drop 2 and 4 1st Inversion | Gm7b5 Drop 2 and 4 2nd inversion | Gm7b5 Drop 2 and 4 3rd Inversion

Beispiel 16f:

DbMaj7-Voicing

Beispiel 16g:

Beispiel 16h:

C7 Alterierte Voicings

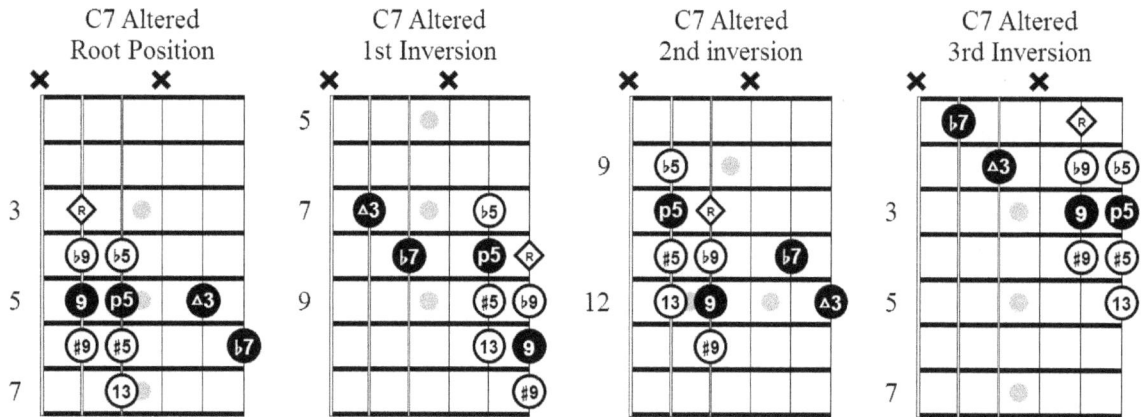

C7 Altered Root Position · C7 Altered 1st Inversion · C7 Altered 2nd inversion · C7 Altered 3rd Inversion

Wie bei den Drop-2- und 4-Voicings, die auf der sechsten Saite basieren, würde ich vorschlagen, dass die Akkorde in diesem Abschnitt eine niedrigere Priorität haben als die Drop-2- und Drop-3-Akkorde, die früher abgedeckt wurden. Wenn du jedoch den Klang der 2er und 4er Strukturen magst, dann priorisiere sie unbedingt in deinem Spiel.

Indem du das praktizierst, was du gerne hörst, wirst du deine eigene einzigartige Stimme und deinen eigenen Stil entwickeln.

Wozu du dich auch immer entscheidest, es zu üben, stelle sicher, dass du es gründlich in allen gängigen Tonlagen übst. Verwende die Übungen in den vorherigen Kapiteln, um diese Voicings in dein Spiel zu integrieren, und stelle sicher, dass du die Zirkel-Übungen in Kapitel achtzehn übst, um deine Griffbrettfähigkeiten zu verbessern.

Kapitel Siebzehn: Umwandlung von Akkordstrukturen

Bisher haben wir in diesem Buch die vier häufigsten Akkordqualitäten der Jazzgitarre, Maj7, m7, ‚7' und m7b5, behandelt. Es gibt natürlich auch andere Arten von Akkorden, die nicht angesprochen wurden, und obwohl sie in der Musik nicht so häufig auftreten wie die bisher behandelten Typen, ist es dennoch unerlässlich, sie zu kennen.

Die anderen am häufigsten vorkommenden Akkordqualitäten, denen du begegnen wirst, sind Moll/Major-7, Verminderte 7, Maj6 und Min6.

In diesem Kapitel werden wir jede der oben genannten Akkordqualitäten nacheinander behandeln und zeigen, wie jede einzelne leicht zugänglich ist, indem wir Anpassungen an bereits bekannten Akkordstrukturen vornehmen.

In diesem Buch wurde die Bedeutung des Wissens, wo sich der Grundton in jedem Voicing befindet, hervorgehoben, und ab Kapitel sieben wurde jeder Akkord mit seinen konstituierenden Intervallen angegeben, die in den Diagrammen deutlich gekennzeichnet sind.

Inzwischen solltest du anfangen, Akkordintervalle am Gitarrenhals schnell zu erkennen und zu lokalisieren. Intervall-Erkennung ist sehr nützlich und ist eines der Dinge, die Gitarristen, die intensiv studiert haben, auszeichnen. Indem wir die Intervall-Lage verstehen, können wir sofort *jeden beliebigen* Akkord aus den bisher abgedeckten vier Standard-Akkordstrukturen erstellen.

Moll/Major 7 Akkorde

Wir beginnen mit dem Akkord „Moll/Major7" oder „m(Maj7)", der die Intervallstruktur 1 b3 5 7 hat und buchstäblich ein Mollakkord mit einer zusätzlichen großen Septime (7) ist. Man kann sich vorstellen, dass es ein m7-Akkord mit einer erhöhten 7 ist.

Um auf den m(Maj7)-Sound zuzugreifen, können wir einfach jede Umkehrung eines m7-Voicings spielen und b7 um einen Halbton anheben, um eine große 7 zu erhalten.

Beispiel 17a:

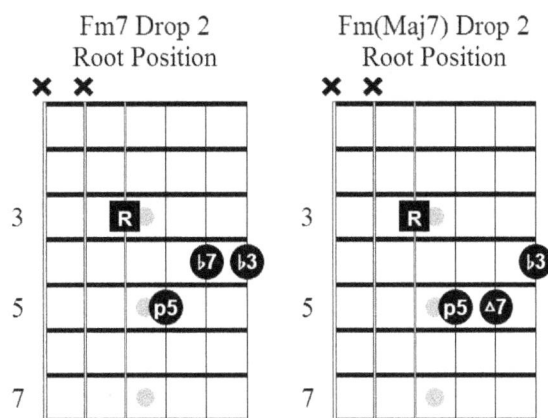

Fm7 Drop 2
Root Position

Fm(Maj7) Drop 2
Root Position

Dieser Prozess funktioniert mit *jedem* m7-Akkord, vorausgesetzt, du weißt, wo die Intervalle auf dem Gitarrenhals liegen.

Beispiel 17b:

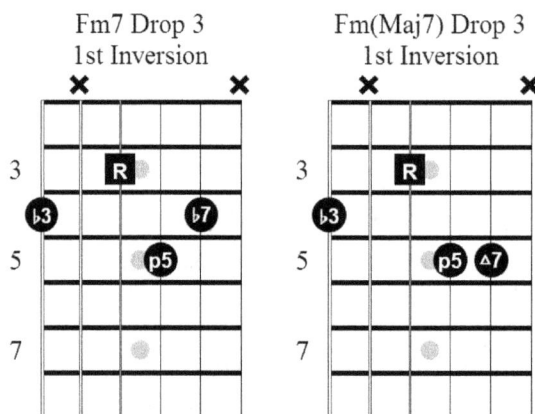

Um zu üben, m(Maj7)-Akkorde im Kontext zu spielen, würde ich vorschlagen, dass du sie anstelle der Tonika in einer Moll ii V i-Progression verwendest, da sie dort am häufigsten in der Musik vorkommen. Du kannst mit diesen Ideen über dem Backing-Track zehn arbeiten:

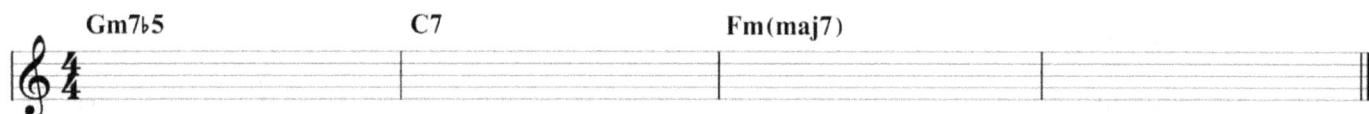

Alles, was du tun musst, ist, auf die Moll ii V i-Übungen aus den vorangegangenen Kapiteln zurückzublicken und dich darauf zu konzentrieren, die kleine Septime (b7) des Tonika-Fm7-Akkords anzuheben, damit es zu einer großen Septime (7.) wird, um die m(Maj7)-Tonalität zu erzeugen.

Verminderte 7-Akkorde

Verminderte Sept-Akkorde können auf verschiedene Weise betrachtet werden. Die Formel für einen dim7-Akkord ist 1 b3 b5 bb7 (double flat 7), man könnte das also betrachten wie ein m7b5 mit einer *verminderten* b7.

Beispiel 17c:

Gm7b5 Drop 2
Root Position

G Dim7 Drop 2
Root Position

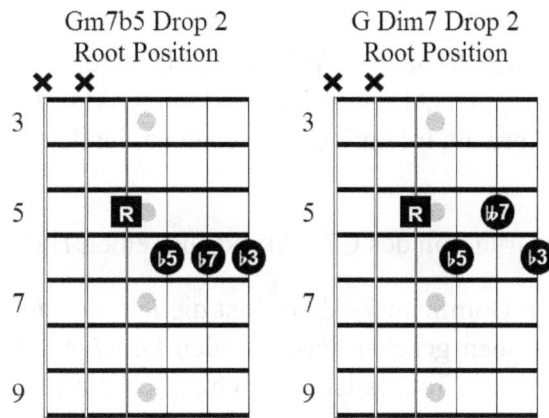

Obwohl dies eine gültige Methode ist, um dim7-Akkorde zu bilden und zu betrachten, ist es keine besonders musikalische Anwendung von verminderten Akkorden. Während m(Maj7)-Akkorde ziemlich häufig anstelle von m7-Akkorden verwendet werden, werden dim7-Akkorde nicht so oft anstelle von m7b5-Akkorden notiert.[1]

Die häufigste Verwendung von dim7-Akkorden sind Substitutionen für funktionale dominante Akkorde. Aus diesem Grund ist es sinnvoll, dim7-Akkorde als Anpassungen an Dominant-7-Akkorde zu betrachten.

Die Theorie der „verminderten Substitution" wurde im ersten Teil dieser Serie behandelt, so dass hier nur eine kurze Zusammenfassung gegeben wird.

„Indem wir einen verminderten 7-Akkord auf der dritten Stufe eines Dominant-7-Akkords spielen, erzeugen wir einen 7b9-Klang."

Dies ist leicht in einem Akkorddiagramm zu erkennen. Hier sind die Akkorde von C7 und E Dim7.

Beispiel 17d:

C7

E Dim7

E Dim7 with C Root

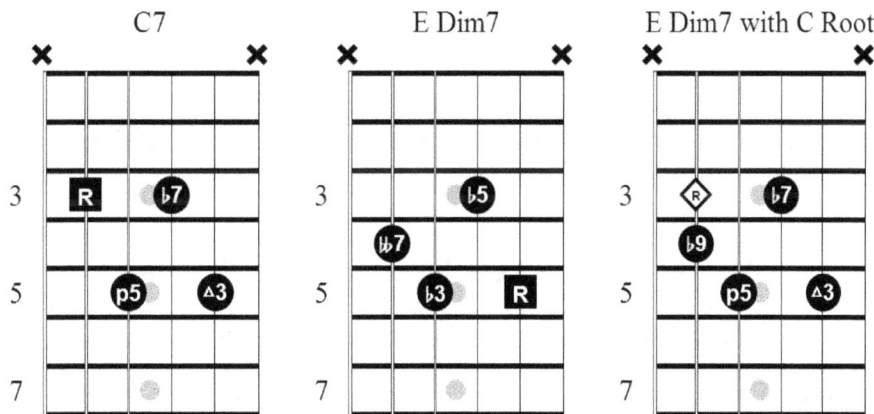

Wie du sehen kannst, sind die Noten in E Dim7 fast identisch mit denen in C7, mit nur einer Änderung: Der Grundton des C7-Akkords wurde um einen Halbton erhöht, um zu einer b9 chromatischen Spannung zu werden.

---

1. OK, manchmal werden sie das, aber die Theorie davon geht über den Rahmen dieses Buches hinaus.

„Um einen Dim7-Akkord zu erstellen, können wir den Grundton eines jeden Dominant 7-Akkords einfach um einen Halbton erhöhen."

Denke daran, dass Dim7-Akkorde auch *symmetrisch* sind, da jede Note eine kleine Terz auseinander liegt. Wie wir in Teil eins gelernt haben, kann *jeder* Akkordton eines Dim7-Akkords als Grundton angesehen werden. Während also der obige Dim7-Akkord als E Dim7 geschrieben ist, ist der E Dim7-Akkord auch identisch mit G Dim7, Bb Dim7 und *Db Dim7*.

Db Dim7 wird erzeugt, indem der Grundton des C7-Akkords um einen Halbton angehoben wird.

Diese einfache Anpassung an jeden Dominant 7-Akkord ist die nützlichste Art, Dim7-Akkorde zu verstehen und zu konstruieren, denn wie du oben gesehen hast, werden Dim7-Akkorde am häufigsten als Ersatz für Dominant 7-Akkorde verwendet. In der Tat, es ist wahrscheinlich die häufigste Akkordsubstitution, die im Bebop verwendet wird.

Überprüfe, ob diese Idee funktioniert, indem du den Grundton *eines beliebigen* „7"-Voicings oder Umkehrung, die du wählst, anhebst. Das Konzept wird hier mit Drop-2-Akkorden auf den oberen vier Saiten demonstriert.

Beispiel 17e:

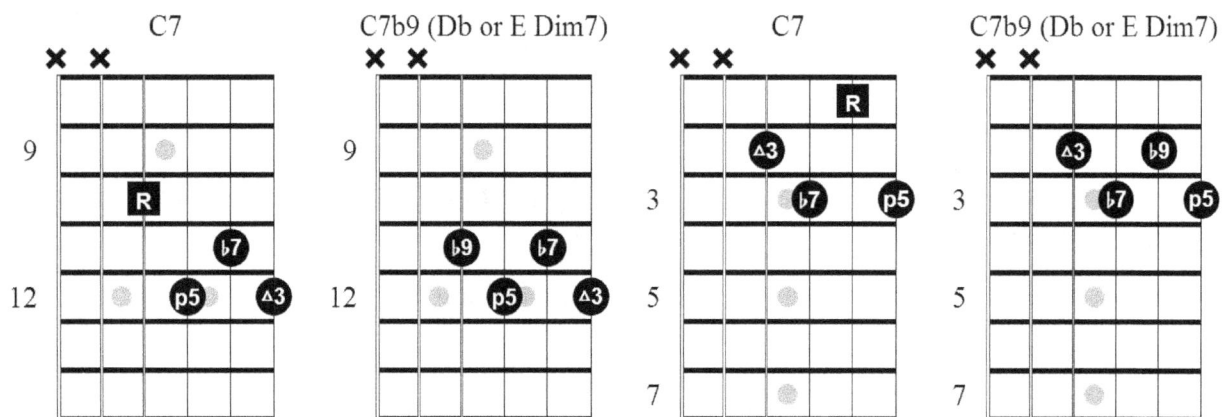

Wende den gleichen Prozess auf die anderen Drop-2-Umkehrungen von C7 auf den oberen vier Saiten an.

Verwendung der Verminderten 7-Substitution

Du kannst die Verminderte 7-Substitution jederzeit auf einem funktionalen Dominant 7-Akkord verwenden.

Versuche das folgende Beispiel mit Dur- und Moll ii V I-Progressionen für jede Saitengruppe mit jeder Art von Akkord-Voicing.

Beispiel 17f:

Denke daran, alles, was du tun musst, ist, den Grundton des dominanten Akkords zu finden und ihn um einen Halbton anzuheben, um einen Dim7-Akkord zu erstellen. Probiere es mit jedem ,7er' Akkord aus, den du kennst.

Dur- und Moll-Sechser-Akkorde

Dur- und Moll-6er-Akkorde sind in der Musik häufig zu finden, besonders im frühen *Swing* Jazz. Es sind wichtige Akkorde, da sie oft in Akkord-Charts geschrieben werden, wenn der Komponist nicht möchte, dass ein 7er Akkord gespielt wird.

Maj6 (oder ,6') Akkorde können einfach erstellt werden, indem man die 7. eines Maj7-Akkords um einen Ganzton absenkt.

Dies zeigt sich in dem folgenden Drop-2-Akkord-Voicing.

Beispiel 17g:

Du wirst feststellen, dass du diese 6er-Form schon einmal gesehen hast. Sie kann als ein m7-Akkord mit dem Grundton auf der zweiten Saite betrachtet werden:

Db6 or Bbm7

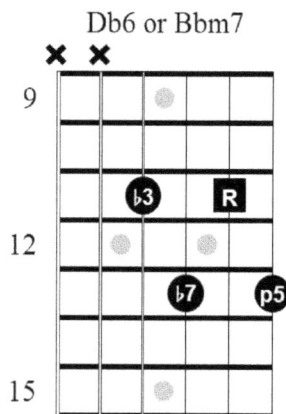

Dies sollte die in Teil eins dieser Serie gelehrte Substitution untermauern, dass das Spielen eines m7-Akkords auf der sechsten Stufe eines Dur-Akkords eine Dur-6-Akkordqualität erzeugt.

Zum Beispiel, in der Tonart von C ist die sechste Stufe A, so dass das Spielen eines Am7-Akkords über einer C-Bassnote eine C6-Akkordqualität erzeugt.

Um die Dur-6-Qualität in dein Spiel zu integrieren, übe das Spielen von ii V I-Progressionen und verwende einen Dur-6-Akkord anstelle der Tonika Maj7. Denke daran, alles, was du tun musst, ist, die 7. um einen Ton zu senken.

Beispiel 17h:

Versuche, diese Substitution mit allen Drop-2-Akkord-Voicings auf die oberen vier und mittleren vier Saiten anzuwenden, bevor du sie auf die Drop-3-Voicing-Akkorde anwendest und dann diese Ideen um die Zirkel-Übungen in Kapitel achtzehn herum ausprobiert.

Moll 6 Akkorde

Moll 6 (m6) Akkorde können leicht erstellt werden, indem man die b7. eines m7 Akkords um einen Halbton senkt.

Beispiel 17i:

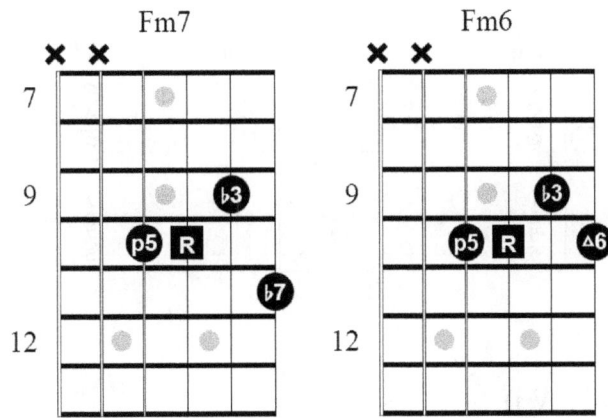

Wiederum wirst du diese m6-Akkordform schon einmal gesehen haben, denn es ist eine m7b5-Form mit dem Grundton auf der ersten Saite:

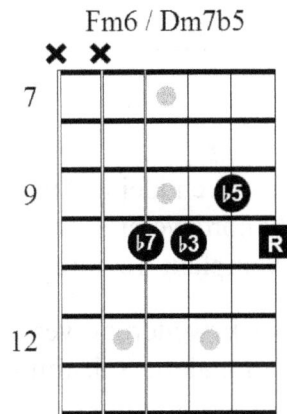

Dies sollte die in Teil eins dieser Serie gelehrte Substitution untermauern, dass das Spielen eines m7b5-Akkords auf der sechsten Stufe eines Moll-Akkords eine Moll-6-Akkordqualität erzeugt. Im obigen Beispiel erzeugen wir einen m6-Sound, indem wir ein m7b5 auf der sechsten Stufe (D) des ursprünglichen m7 spielen.

Hier ist ein weiteres Beispiel in der Tonart C. Die sechste Stufe von C ist A, so dass das Spielen eines Am7b5-Akkords über einer C-Bassnote eine Cm6-Akkordqualität erzeugt.

Du kannst die Verwendung von m6-Akkorden üben, indem du sie als ii-Akkord in einem Dur ii V I oder als Tonika-Akkord in einem Moll ii V i spielst.

Beispiel 17j: (wie ‚ii‘ in einem Dur ii V I)

Beispiel 17k: (wie „i" in A-Moll ii V i)

Wie ich hoffe, fängst du an zu sehen, dass wir durch kleine Anpassungen an den vier Hauptakkordstrukturen des 7-Akkords leicht jedes andere wichtige Akkord-Voicing erstellen können, das wir benötigen. Diese neuen Akkord-Voicings erzeugen reichhaltige und komplexe Texturen in unserem Rhythmusspiel.

Wenn du bedenkst, dass wir jede beliebige 9.- Erweiterung verwenden können, die wir wünschen, mehr als eine Umkehrung jedes Akkords spielen, die verminderte Substitution verwenden, chromatische Erweiterungen kombinieren *und* auf 6, m6 und m(Maj7)-Akkorde zugreifen können, haben wir eine breite Palette von Werkzeugen zur Verfügung, um harmonisch reiche Akkordteppiche zu erstellen.

Werde kreativ. Sieh, wie viele Möglichkeiten du finden kannst, dein Rhythmusgitarrenspiel zu bereichern. Hier ist nur eine von Millionen von Möglichkeiten, die du über eine Standard-Akkordfolge vom Typ ‚Autumn Leaves‘ spielen kannst.

Die Alterationen der Harmonien verwenden nur Drop-2-Voicings auf den oberen vier Saiten, aber der Rhythmusgitarrenpart wird schnell viel interessanter.

Beispiel 17l:

Kapitel Achtzehn: Zirkel-Übungen

Die Zirkel-Akkordfolgen in diesem Abschnitt sind sehr nützlich, wenn es darum geht, Akkord-Voicings zu üben.

Eine Möglichkeit, sie zu verwenden, ist, eine Akkordstruktur und -qualität auszuwählen – zum Beispiel einen Drop-2-m7-Akkord. Beschränke nun dein Spiel auf einen kleinen, fünf- oder sechsbündigen Bereich der Gitarre, wie beispielsweise den ersten bis sechsten Bund.

Spiele durch jeden Zirkel mit dieser Akkordstruktur und -qualität, aber erlaube dir nicht, den festgelegten Bereich auf dem Griffbrett verlassen. Mit dem Quartenzirkel-Diagramm unten, würdest du Drop-2-Voicings der folgenden Akkorde spielen: Cm7, Fm7, Bbm7, Ebm7 usw. Versuche, die gleiche Idee mit dem Quintenzirkel: Cm7, Dm7, Am7 usw. Übe dieses Konzept mit allen Akkordstrukturen, die du studierst.

Du kannst jeden Akkord im Zirkel auch als *Tonika-Akkord* verwenden. Zum Beispiel kannst du die Moll I ii V I-Progressionen in jedem Akkord nacheinander spielen. Mit dem Quartenzirkel würdest du ein ii V I *in* **C** (Dm7 G7 CMaj7), **dann** ein I ii V I *in* **F** (Gm7 C7 FMaj7), **dann** ein ii V I *in* **Bb** (Cm7 F7 F7 BbMaj7) usw. spielen.

Diese Art von Übungen ist geistig anspruchsvoll, weil sie einen dazu bringt, von einem Ziel-Tonika-Akkord rückwärts zu denken. Das Einprägen der Akkordfolge im Voraus und weg von der Gitarre kann sehr hilfreich sein, bevor man diese Zirkel-Übungen durchführt.

Diese Übungstechniken sind sehr wirkungsvoll, und mit Disziplin wirst du feststellen, dass sich deine Verständnis, dein Wissen und vor allem deine *Ohren* dramatisch verbessern werden.

Quartenzirkel

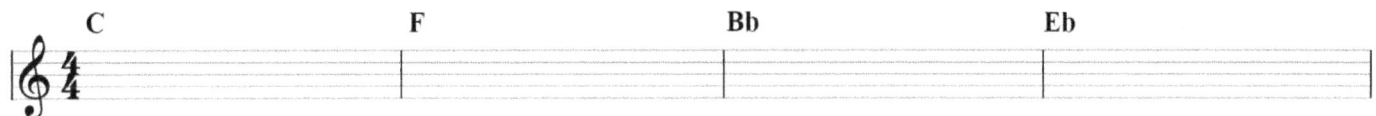

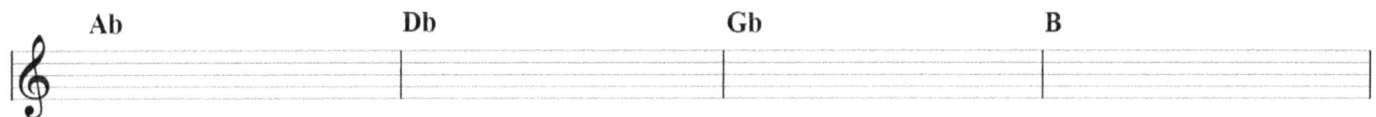

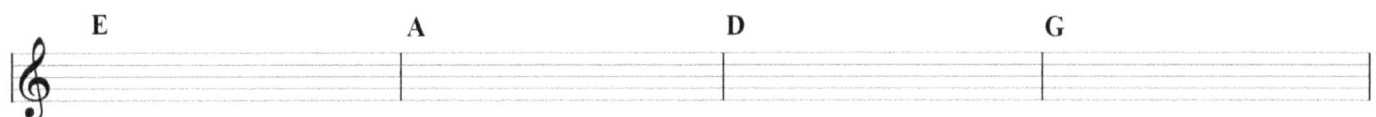

Quintenzirkel

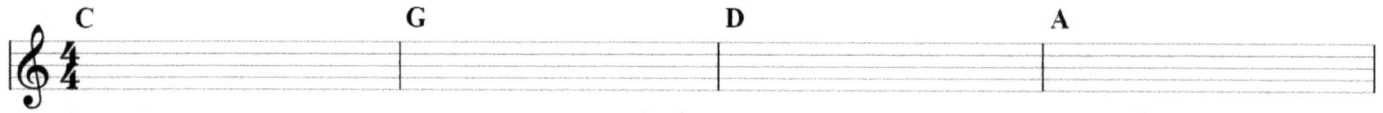

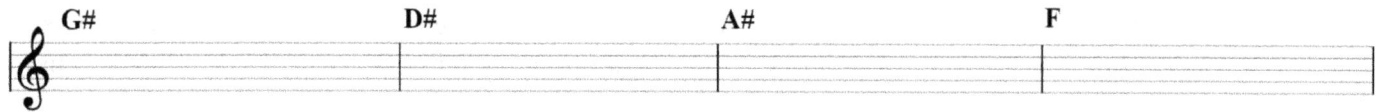

C   G   D   A

E   B   F#   C#

G#   D#   A#   F

Schlussfolgerungen und weiterführendes Studium

Es gibt eine Fülle von harmonischen Informationen in diesem Buch, die dir hoffentlich viele glückliche Stunden im Übungsraum und auf der Bühne bereiten werden. Mein bester Ratschlag ist, sehr langsam zu üben und immer nur einen Akkord auf einmal zu lernen. Die beiden Akkordtypen, die von größtem Nutzen sind, sind Drop-2-Akkorde auf den oberen vier Saiten und Drop-3-Akkorde mit einer Bassnote auf der sechsten Saite.

Sobald du mit diesen Ideen vertraut bist, würde ich vorschlagen, die Drop-2-Akkorde auf den mittleren Saiten und die Drop-3-Akkorde mit einer Bassnote auf der fünften Saite zu lernen.

Wie auch immer du dich entscheidest, das Wichtigste ist, dass du sicherstellst, dass du diese neuen Akkorde tatsächlich in deine Musik integrierst. Übe die Verwendung der einzelnen Akkordtypen mit den gängigen Sequenzen auf Seite 52 und mit den Zirkel-Übungen in Kapitel achtzehn.

Das Metronom ist dein Freund! Während du das Metronom definitiv ausgeschaltet haben solltest, wenn du neue Formen lernst, ist es umso besser, wenn du das Metronom verwendest, um im Takt zu bleiben und Akkordfolgen zu spielen.

Trotz aller heute verfügbaren Backing Tracks ist die beste „Hochdruck"-Simulation eines Gigs die, dich *nur* mit einem Metronom hinzusetzen und daran zu arbeiten, jeden Akkordwechsel perfekt zu spielen. Wenn du das Metronom auf halbe Geschwindigkeit einstellst, so dass es nur auf die Zwei und Vier klickt, ist das umso besser.

Es geht darum, *dich* für den Rhythmus verantwortlich zu machen und dir keinen Platz zum Verstecken zu geben. Dies ist definitiv eine intensive Praxis, aber sehr nützlich.

Höre dir die großartigen Akkordmelodie-Spieler zwischen den Trainingseinheiten an. Du wirst anfangen, die Akkordstrukturen zu hören, die sie spielen, und einige ihrer Geheimnisse werden sich zu enthüllen beginnen.

Besorge dir ein „Real Book" und übe, durch die Charts zu lesen. Nach einer Weile wird es keine Überraschungen mehr geben und du wirst schnell in der Lage sein, die vier Hauptstrukturen anzupassen und alle interessanten Akkorde einzubauen. Übe deine Lieblingsmusik auf verschiedene Weise, und spiele die Harmonien jeden Tag mit einem neuen Akkordtyp oder einer neuen Struktur.

Du kannst eine, zwei, drei oder sogar vier Umkehrungen eines Akkords in einem Takt spielen, obwohl ich vorschlagen würde, dass die Verwendung von nur einem oder zwei die beste Nutzung deiner Übungszeit wäre.

Erwarte vor allem nicht, dass du alles in diesem Buch auf einmal aufnehmen kannst. Es ist unmöglich, alle diese Informationen bereits nach kurzer Lernzeit zu behalten. Werde sehr gut darin, nur eine Art von Voicing und deren Umkehrung zu verwenden, bevor du andere erkundest. In den meisten Jazzbandsituationen sind Drop-2-Akkordumkehrungen auf den oberen vier und mittleren vier Saiten die beste Wahl.

Wie immer, viel Spaß!

Joseph